哈佛哲學課

胡雯雯 著

非凡出版

前言

每一個人都是一個完整的世界。

殺死一個人，

就毀滅了一個完整的世界。

而拯救一個人，

就拯救了一個完整的世界。

這是摘自猶太教法典《密西拿》中的一段話。在這個世界上，沒有一個人是一個完全孤立的島嶼，每個人都是陸地的一部分。如果大海沖走了一塊泥土，整個陸地就會縮小一點，就好像一個岬角或者一座屬於你自己或者你朋友的城堡被吞沒了似的。任何一個人的毀滅，都會使世界缺少一點，從而變得殘缺不全。

然而，在當今世界，人們卻隨時面臨著「毀滅」，這種毀滅不是來自外界或他人，而是來自人類日漸消沉的自我毀滅。

面對諸多的人生難題：善與惡的困惑；道德的衝突與背叛；經驗和信念的不一致；慾望與

理智的衝突；愛與恨的糾結；靈與肉的分離；理想與現實的碰撞；目標與幸福的背離……人們陷入了選擇的困境之中，困惑、迷茫、麻木、沉淪，乃至走向自我毀滅。

人生短短幾十年，難道我們就這樣讓寶貴的生命日趨走向毀滅嗎？難道就沒有一劑人生良藥能夠拯救人類、拯救世界嗎？

馬可・奧勒留就此問題給出了明確的答案：世上有什麼能夠指引我們的人生？有一個且只有一個，那就是哲學。

提起哲學時，很多人都認為哲學是抽象難懂的，認為「哲學家不過是空想主義者」。其實不然，哲學中的生活智慧關注的是真實的生活和生活方式，只是後來哲學逐漸被制度化，成為一種與生活毫無關係的腦力活動。如今，哲學正在回歸，慢慢讓普通人能夠理解和應用它，這樣，你就可以用它對人性展開無限的探索。

哲學從業者的職責就是將哲學從發黴的圖書館書架上取下來，抹去灰塵，放在你的手裏。你可以學習如何使用它，這不需要任何經驗。你在踏上人生的旅程之前務必要先瞭解一些哲學《哈佛哲學課》一書將為你提供解答所有問題的鑰匙，無論你是獨自一人還是和朋友在一起，都能夠在人生道路上一路順風，精彩無限。

本書將帶你走進歷來被看做是美國哲學縮影的哈佛大學，二十世紀的美國哲學幾乎就是由其統領的：在學風傳承上，早期的路易斯、中期的蒯因、晚期的普特南等哲學家都在哈佛哲學系任教；在思想傳統上，哈佛大學哲學系是美國實用主義的搖籃，實用主義的創始人皮爾士、詹姆斯等人都是哈佛的驕傲。同時，美國的生命哲學、過程哲學等也都發起於哈佛。

作為當代美國哲學的縮影，哈佛哲學不僅體現了美國的實用主義哲學精神，而且反映了當代美國哲學的發展現狀。哈佛哲學的多元化不僅體現在哲學系的課程設置以及教師隊伍上，而且在與哲學、宗教、文化等相關的院系，如哈佛燕京學社、世界宗教研究中心、東亞系等，也始終保持著活躍的學術氛圍，對哲學系以及整個哈佛哲學圈都有很大的影響。哈佛的實用主義和分析哲學作為治學方法和生活態度，滲透在哲學家們各自的研究領域，從而形成了風格迴異的各種哲學思想：蒯因的思想會受到卡維爾等人的批評，而普特南的思想也會受到來自倫理學家的責難，哲學家之間的學術爭論和思想交鋒經常發生。對倫理學和政治哲學的深入研究以及羅爾斯、諾齊克、桑德爾等人的世界影響力，使得哈佛哲學在所謂的應用哲學領域也取得了極高的聲譽。

這也是哈佛哲學課備受關注與追捧的原因所在。哲學，其實是絕大多數人都能力行的。哲學思考甚至不需要有具備學位或資格證明的哲學家參與，只需要有進行哲學主題研究的意願就可以。

每個人都有自己的人生哲學，我們是在生活的過程中逐漸建立自己的人生哲學的。經驗是最好的老師，但我們還需要仔細思考一下經歷過的事情。我們需要用批判的觀點來看待問題，尋找規律，將所有的事物組合起來形成一幅大的圖景，指導我們以後的人生道路。瞭解自己的人生哲學定能夠幫助我們預防、解決或處理許多問題。

本書將告訴你如何處理人生中的重大問題。談及的方方面面每個人都會遇到，包括揭示人性弱點、推行倫理道德、面對死亡問題、應對職業更換、處理戀愛及婚姻關係、尋求生命的意義或目的等。當然，不是所有問題都有解決之道，但即使你無法找到解決方法，還是需要以某種方式去面對它，畢竟生活還是要繼續的。解決還是面對，本書將告訴你如何選擇，定會讓你在這個充滿挑戰的世界中獲得持久的滿足感與充實感。

目錄

第一篇　誰需要哲學

目錄

目錄

第四篇　平等與公正：如何做才是正確的

目錄

目錄

目錄

第一篇　誰需要哲學

第一課　踏上精神的智慧之旅

「人的本性在於求知」，好奇、思考及尋求答案是人類獨有的基本特徵，而這個世界從來就不乏喜歡好奇、思考並立志探索答案的人。所以，這個世界有了哲學家。

哈佛大學哲學教授普特南一直很讚賞亞里斯多德的觀點，即投身哲學事業需要兩個基本條件：一是閒暇，二是詫異。閒暇，是說哲學家必須有充分的空餘時間，不會為衣食所憂，不會為生計奔波，不能餓著肚子研究哲學；詫異，就是要對世界保持一顆好奇心，有著孩子般的天真，否則，就不會對哲學產生敏感。

Philosophy：「有智慧」還是「愛智慧」

對於多數人來說，「哲學」是一門枯燥、抽象而又空洞的學科。很多人認為哲學家就是空想主義者，他們所說的話全憑個人想像，毫無科學論據，而且往往把一些簡單的東西說得極為複雜，把你原本懂的東西說到你不懂為止。還有人嘲笑搞哲學的人都是瘋子，最好的例證就是尼采，尼采把哲學研究得足夠通透，可惜，最後他卻瘋了。

難道哲學真的這樣一無是處嗎？

經常去圖書館查看資料的人一定會發現：哲學的編號是「一」，這又作何解釋呢？這是因為哲學是一門具有基礎性與整合性的學科，既能作為一切知識的基礎，又能統合所有的知識。PH·D·（博士學位），就是Doctor of Philosophy（哲學博士），這充分說明了哲學是所有學科的最高境界。

「philosophy」，這個詞是從希臘語「philo-sophia」轉變而來，「philo」意思是「熱愛」，「sophia」意思是「智慧」，哲學因此被稱為「愛智慧的學問」。

很多人認為「愛智慧」就是「有智慧」，實際上，這是兩種不同的境界。「愛智慧者」與「有智慧者」雖然只有一字之差，含義卻根本不同，前者指追求確定真理的哲學家，後者指靠炫耀技巧賺錢的「智者」。

在古希臘前期的城邦中出現了這樣一批「智者」，他們自稱是有智慧的人，通過給別人傳授辯論和修辭的技巧來獲得報酬。智者雖然是「有智慧的人」，但不是以智慧為追求目標的「愛智慧的人」，與其說他們傳授的是「學」而不如說是「術」，智慧只是他們用來達到目的、獲得收益的手段。柏拉圖站在哲學家的立場，把智者斥為「批發或零售精神食糧的商人」。在柏拉圖看來，真正的哲學是不計較功利的，真正的哲學家是「愛智慧的人」，典型的代表便是他的導師蘇格拉底。

蘇格拉底是古希臘最偉大的哲學家，他出生於雅典的一個中等階級家庭，父親是塑膠作坊主人，母親是一個助產婆。傳說蘇格拉底面目醜陋，身材矮小，這與智者溫文爾雅的形象相去甚遠。他平時像一個智者一樣生活，以教育青年為己任。但他與智者有本質上的區別：他從不收取學生的學費，更反對詭辯和似是而非的誇誇其談，他自稱是沒有智慧但愛智慧的人。哲學對於蘇格拉底來說不是純思辨的個人私事，而是他對當時自己所生活的城邦和時代所盡的義務。在此意義上，蘇格拉底自稱是針砭時弊的「神聖牛虻」。但是，蘇格拉底的言論使有些人感到恐懼，為此他遭到了所謂「有智慧」的智者的反擊和污蔑，而很多雅典人也不理解蘇格拉底的意圖，認為他既然沒有智慧又為何來教導雅典民眾呢？蘇格拉底最終被誣陷「褻瀆神明」和「腐化青年」而入獄，儘管他在法庭上發表了義正詞嚴的申辯，仍被雅典民眾以公投的方式處死。這不得不說是一種悲哀。

毫無疑問，蘇格拉底是一個有智慧的人，但是他更願意把自己定位為愛智慧的人，一方面不斷追求真理，另一方面不誇誇其談，賣弄炫耀。「哲學」的本意告訴我們要「愛智慧」，要做一株虛心思考的蘆葦，而不做一隻誇誇其談的烏鴉。

哲學的意義：讓你更理性地生活

《催眠》是一部日本恐怖電影，它的原著作者松岡圭佑是一名催眠指導教授，此書被書評家推選為心理懸疑小說的最佳傑作。影片中講述了幾起光怪陸離的死亡案件：一個正在賽跑的女孩突然全身骨折死亡；一個新郎在婚禮舉行時突然勒死自己；一位中年男子在生日當天突然跳窗身亡……這些死亡案件表面看似自殺，實際上都是因為他們的意識被人催眠致死。

很多時候，我們的意識是被催眠的。在小的時候，我們就被灌輸很多觀念。當時的我們往往認為這些觀念是對的、沒有疑問的，也就從來沒有認真仔細地反省過。

哲學與哲學家最重要的精神，即批判精神和求真精神。所謂批判精神，是指哲學不會向慣常的說法、權威和傳統屈服，而是敢於置疑一切、批判一切。所謂求真精神，是指哲學不會滿足於停留在事物表面，而是要穿透表像，挖掘事物的本質和規律。

在《理想國》中，柏拉圖寫了這樣一個故事：

有一群人，世世代代住在一個洞穴中。從出生起，他們就像囚犯一樣，被鐵鏈鎖在固定的地方，甚至連脖子也被套住，不能轉動，更不能回頭，只能直視前方。在他們身後，有一堆篝火，在火與囚犯之間有一堵矮牆，牆後有人舉著各種各樣的雕像走過，火光將雕像的影子投射到囚犯對面的洞壁上。就這樣，這些囚犯一生都好像在看皮影戲，他們不能相互觀望，不知道自己的模樣，也不能回頭看這些影像是如何形成的。於是，他們都以為眼前晃動的影子就是真實的事物，並用不同的名字稱呼它們。

囚徒們早已習慣了這樣的生活，並沒有感到命運的悲慘，也沒有想過掙脫束縛他們的鎖鏈。然而，有一天，一個囚犯偶然掙脫了鎖鏈，移動腳步，回過頭來，生平第一次直接看到了炫目的火光，火光刺痛了他的眼睛，使他看不清原先已經習以為常的影子。

過了一段時間以後，他的眼睛逐漸適應了火光，終於能分清影子和雕像，明白了雕像比影子更真實，於是，他顧不上刺痛的眼睛，朝火光走去，走到洞口，便被人從陡峭的洞口拉出洞外。

當他第一次看到陽光下真實的事物時，再次感到眼花繚亂，比先前見到火光時更為痛苦。所以，他只能一步一步適應洞外的生活，先看陽光下的陰影，再看水中事物的倒影，再抬頭看天上的星星和月亮。最後，他終於能直視太陽，才明白太陽主宰著世間的萬事萬物。

然而，解放的囚徒並沒有得到一個好歸宿。這個走出洞外的囚犯回想起往事，在慶幸的同時，開始憐憫他的同伴。這些囚徒中最有智慧的，也不過是善於捕捉倏忽即逝的影子，善於記住影子的形狀，善於推測即將出現的影子而已，所以仍然是一個可憐蟲。知道事物真相的人不會再留戀洞穴中的獎賞，再也不願回到洞中做囚犯。

為了解救他的同伴，走出洞穴的囚犯義無反顧地回到了洞穴裏。可是，他從光明的地方重返黑暗的地方，已不能適應那裏的生活。別人因為他看不清影子而嘲笑他，說他在外面弄壞了眼睛。沒有人相信他在洞外看到的東西，他不得不和他們爭論幻覺與真理、影子和雕像的區別，卻因此激起眾怒，大家恨不得把他處死。

柏拉圖用洞穴中的囚徒來比喻世人把表像當做真實，把謬誤當做真理。而哲學家就是那些掙脫束縛走到洞外的囚犯，雖然掙脫時要付出極大的代價和痛苦，但畢竟看到了真實的世界，而不是一輩子活在黑暗當中。

雖然走出洞外的囚犯沒能成功地幫助自己的同伴，但畢竟他走出過洞穴，看到過真實，能夠做到理性地思考問題，經歷過真正的幸福，他是值得稱讚的，他的失敗是因為光明不能適應黑暗。相反，他的同伴是可悲的，他們只看到事物的表像，並被表像所迷惑，不能夠理性地思考問題，最終也就沒能走出黑暗獲得解放。

反思的智慧：像貓頭鷹一樣審視

哲學是對於世界本質的思考，這種思考是剝離表像，褪去浮華的，因而有時候顯得有些冷峻，有些不近人情。同時，哲學又是帶有反思性質的，它通常會以犀利的眼光穿透現實的迷障，讓我們從紛繁的表像中得到隱藏在背後的知識和智慧，成為我們繼續前行的良師益友。哲學也正是因為這種冷峻的反思才具有獨特的魅力，在這個意義上，德國哲學家黑格爾將哲學形象地比喻成「密涅瓦的貓頭鷹」。

在古希臘神話中，智慧女神雅典娜多才多藝，她同一隻貓頭鷹共同守護雅典的平安。她們有著相同的神力和特徵。傳說正是她把紡織、縫紉、制陶、園藝等技藝傳給了人類。貓頭鷹是密涅瓦的象徵，代表智慧、理性和公平。所以，英語中有一句諺語：像貓頭鷹一樣聰明。貓頭鷹眼睛明亮，目光銳利，洞察力強。古希臘哲人畢達哥拉斯將哲學定義為「愛智慧」，而象徵智慧的貓頭鷹也成了哲學的代稱。「密涅瓦的貓頭鷹」從此流傳於世。

在黑格爾看來，密涅瓦的貓頭鷹飛翔了，就意味著人類的智慧啟動了。但貓頭鷹不是在晨曦中迎旭日而飛，也不是在午後的藍天白雲間自由飛翔，而是在黃昏降臨的時候才悄然起飛，同時用冷峻的目光掃視一切。

黑格爾借這個譬喻說明：「哲學的認識方式是一種反思——意指跟隨在事實背後的反復思考。」按照黑格爾的說法，「反思」是「對認識的認識」、「對思想的思想」，是思想以自身為物件反過來思考。

如果把「認識」和「思想」比喻為鳥兒在旭日東昇或豔陽當空的藍天中翱翔，「反思」當然就只能是在薄暮降臨時悄然起飛。

黃昏時起飛的貓頭鷹同時寓意哲學的反思必須是深沉的、自甘寂寞的，同時是冷峻的。現實的壓力和繁雜瑣碎的事物使我們疲於奔命，在不停地運用自己的智慧和能力追求物質利益和享樂生活的時候，我們往往忽略了對生活本身和自我的審視，從而讓自己沒有自由的心情去理會那較高的內心生活和較純潔的精神活動。

哲學所要反對的，一方面是精神沉陷在日常功利的興趣中，一方面是思想的空疏淺薄。精神一旦為這些空疏淺薄的意識所佔據，理性便不能追尋它自身的目的，因而沒有發展的餘地。哲學的反思需要「精神上、情緒上深刻的認真態度」，需要從「日常功利的興趣」中超脫出來，需要排除「思想的空疏淺薄」。

貓頭鷹是智慧的代名詞，而哲學就是對於智慧的認識與應用。黃昏中起飛的貓頭鷹給我們帶來啟迪和智慧，同時也要求我們排除紛繁雜念，用冷峻的眼光審視現實，也審視自己。

哲學烤不出麵包，但能增加甜味

古希臘時，一個青年來找蘇格拉底，說：「我想跟你學哲學。」

蘇格拉底問他：「你想學到什麼呢？學法律，可以掌握訴訟的技巧；學木工，可以製做傢俱；學經商，可以賺錢。學了哲學，將來能做什麼呢？」

青年無法回答。

確實，哲學能做什麼呢？哲學是沒有什麼實際用途的，既不能解決溫飽，也不能防身。馬克思也講過一個關於哲學無用的故事：

一個哲學家坐在船上，他問船夫：「你懂哲學嗎？」

船夫說：「不懂。」

哲學家說：「那你至少失去了一半的生命。」

船夫沈默不語。這時一個巨浪把船打翻了，哲學家和船夫都掉到了水裏。看著在水中掙扎的哲學家，船夫問：「你會游泳嗎？」

哲學家說：「不……會……」

船夫說：「那你就失去了百分之百的生命。」

哲學真的沒什麼具體用途，關鍵時刻連命都救不了，還不如去學習一項有實際用途的技能實在。但是「無用之用乃大用」，越沒有實際用途的東西往往越有大的用途，哲學家不會烤麵包，但有經世濟民的大用。

下面我們再來看一下另一個版本的《哲學家和船夫》的故事：

中國戰國時期有一個諸侯國——梁國，這個國家的丞相死了，哲學家惠施想要去梁國謀求這一官職，可在過河的時候太匆忙，不小心掉到了河裏，路過的船夫把他救起來。

船夫問他：「你要去哪裡啊？怎麼會那麼匆忙呢？」

惠施說：「梁國沒有丞相，我想去那試試看。」

那個人又說：「你只是在船上那麼小的地方都會遇到困難，要不是我的話，你就死了，你哪來的本事做梁國的丞相呢？」

惠施說：「說到在水上駕駛船隻，我是不如你；但是說到治理國家，保全人民社稷的安定，你和我比起來，還差得遠呢。」

人無麵包不能活，人無思想同樣不能活，生活因思想而精彩，思想因生活而豐富。於是，有了哲學的生活便有了厚度和意義。

「哲學不能烤麵包，但是能使麵包增加甜味。」人生就是一個烘烤麵包、品味麵包的過程；若要麵包變得更好吃，則需要調味的奶油或蜂蜜，而那奶油和蜂蜜指的就是哲學。

由此，我們應該明白：活著和活得有意義並不是一回事。而哲學就是展現人生意義的一個美麗的萬花筒。所謂意義，是指理解的可能性。譬如，一個人到一家異國餐廳用餐，菜單上顯示的都是異國文字，而這個人完全看不懂，根本不能夠理解菜單上文字的意思，那麼這份菜譜對這個人就毫無意義。於是，這個人就只能胡亂點菜，或是看著周圍人點什麼菜自己就點一份同樣的菜。如果不學哲學，沒有理解的可能性，那麼我們的人生就會陷於這種盲目、隨波逐流的困境。

沒有人不渴望清楚地瞭解人生的真相，因為如果錯過這一真相，人們的各種抉擇就會陷入一種險境之中，當然，這種冒險未必能夠帶來立即而明顯的困境，但是，時間匆匆而過，人生一去便再也無法回頭。

尼采說過：「一個人一旦知道自己為了什麼而活，他就能夠忍受任何一種生活！」一個人

只要瞭解自己人生的整體構圖，知道自己為何有此一生以及此生究竟為何而生，那麼，相比之下，人生中的苦難又算得了什麼呢？

第二課　徹底改變你看待世界的方式

美國具有劃時代意義的哲學家蒯因在哈佛期間僅用短短兩年時間就獲取哈佛學位，創哈佛在最短時間內獲得博士學位的紀錄。他認為哲學家的一個任務是把默認的、含混的東西變得明顯和清晰，從而揭示和解決悖論，消除無意義的或不再有意義的各種謬說。

邏輯與方法：能兩次踏進同河流嗎

還記得美國經典愛情影片《亂世佳人》中女主角斯嘉麗在影片結束時說的最後一句話嗎？

「明天再說吧！」

那麼，斯嘉麗為何說出這樣的一句話呢？

要知道，斯嘉麗可一向是一個很堅強、凡事不輕易放棄的女子。這是因為斯嘉麗在此之前經歷了太多的災難：戰爭的紛爭、親人的離世、家園的破碎、生活的顛沛流離、愛情的破滅……生活的變化莫測讓她飽受煎熬，在她說出這句話的那一刻，她是真的不確定明天還會有什麼新的災難會降臨。生活的變化莫測讓一向堅韌剛強的她也顯得有些束手無策。

這就是生活，永遠都是變化不定的。太陽每天都會準時升起，但今天的太陽還是昨天的太陽嗎？哲學努力為人的存在尋求一種超越我們本身之外的確定感，然而變化卻是每個哲學家都無法迴避的話題。

古希臘哲學家赫拉克利特非常強調變化，他有一句非常著名的話：「人不能兩次踏入同一條河流。」他的意思是，世界是永恆變化著的，運動是絕對的，即「一切皆流，無物常駐」。他說：「除了變化，我別無所見。不要讓你們自己受騙！如果你們相信在生成和消逝之海上看到了某塊堅固的陸地，那也只是因為你的目光太倉促，而不是事物的本質。你們使用事物的名稱，仿佛它們永遠持續存在，然而，甚至你們第二次踏進的河流也不是第一次踏進的那同一條河流了。」

後來，赫拉克利特的學生克拉底魯把他的觀點絕對化、教條化，提出了一個極端觀點：「人一次也不能踏入同一條河流。」他認為當我們踏入「這條」河流的時候，它已經不是剛才我們看到的「那條」了。如果按照這樣的邏輯思考，世界上不會有確定性質的事物了，整個世界將成為混沌一團。我們既不能認識事物，也不能解說一個事物是什麼了。因為，當我們還沒有說完「這是一張餅」時，餅已經變成其他東西了，當我們把餅吃到肚子裏的時候，它又變成了另外的東西。因此，克拉底魯主張用動手指代替說話，因為一開口就過時了。這顯然是荒謬的。

赫拉克利特說「人不能兩次踏入同一條河流」是強調運動具有絕對性，一切都存在，同時又不存在，因為一切都在流動，都在不斷變化，不斷產生和消失。而克拉底魯說「人一次也不能踏入同一條河流」，其實就割裂了運動和靜止之間的關係。物質世界處於永恆的運動之中，但絕對運動的物質有相對靜止的一面。如果連相對靜止都否認了，那麼這個世界就沒有什麼是可以認識的了。

關於克拉底魯的錯誤，還有一個小故事講得更直白：有一個人外出忘了帶錢，便向鄰居借。過了一段時間，這個人不還錢，鄰居便向他討債。這個人狡辯說：「一切皆變，一切皆流，現在的我，已不是當初借錢的我。」鄰居發了脾氣，一怒之下就揮手打了他，賴帳人要去告狀，這位鄰居對他說：「你去吧，一切皆變，一切皆流，現在的我，已不是當初打你的我了。」賴帳人無言以對，只好乾瞪著眼。

赫拉克利特強調運動變化，但並沒有否定靜止。在他的思想中，運動是絕對的，靜止是相對的。赫拉克利特還認為世界的本源是火，這是萬物的本性；但是火的形態是不停變化的，表現為不同的形式。這就告訴我們要看到事物靜止的一面也要看到運動的一面。恩格斯高度評價了他的這個思想：「這個原始的、素樸的但實質上正確的世界觀。」

因此，我們在思考問題和解決問題時，絕不能用靜止的眼光看待問題，而應該認識到事物是不斷變化和發展的，看到事物的無恨可能性。

悖論與謬誤：上帝舉不起的石頭

如果說哲學是對存在的追問，那麼邏輯一定是這種追問的工具。在邏輯中，有一種可以推導出互相矛盾的結論但表面上又能自圓其說的命題或理論體系——悖論。悖論的成因雖然十分複雜，但它的出現往往是因為人們對某些概念的理解和認識不夠深刻正確所致。

在中古時代的歐洲，人類理性和思辨的火花僅存於教會所辦的學校，也就是經院之中。那時的哲學正是以神學的姿態面對世界的。但是，自從哲學試圖擺脫神學的那一刻起，對於上帝是否全知全能的爭論就從未停止過。全能的創造者可以創造出比他更了不起的事物嗎？這一直是哲學中著名的悖論之一。

安瑟倫是中世紀著名的經院哲學家，被稱為「最後一位教父」和「第一位經院哲學家」。他宣稱上帝是全能的，無所不知，無所不能。他不僅認為上帝的存在是超然的和不可辯駁的，僅僅從「上帝」這個概念就可以推出上帝的必然存在，還認為上帝是凡人無法理解的。他稱讚上帝說：「主啊，我並不求達到你的崇高頂點，因為我的理解能力根本不配與你的崇高相比。」

安瑟倫從「上帝」觀念的意義出發分析出上帝必定存在且全能的方式從一開始就遭到了人們的反對。當時，法國僧侶高尼祿對他的這種觀點進行了反駁。在《為愚人辯》中，高尼祿問安瑟倫：「上帝能否創造一塊他自己舉不起的石頭？」

這是一個很簡單的問題，卻又是個非常難以回答的問題。因為不論怎麼回答，都會陷入困境。如果上帝是萬能的，就應該能夠創造一塊這樣的石頭。但是，如果上帝創造出一塊這樣的石頭，他又舉不起這塊石頭，那他就不是萬能的。所以，高尼祿說：「或者上帝能創造一塊自己舉不起來的石頭，或者上帝不能創造一塊自己舉不起來的石頭，總之，上帝不是萬能的。」這是用結論來責難前提，是邏輯學領域最廣為流傳的悖論形式之一。

安瑟倫陷入兩難困境，無法回答高尼祿的問題，「上帝萬能說」因此動搖了。

當然，古往今來，人們都試圖在這一問題上給出合乎邏輯的完美回答，其中最普遍的一個回答是：既然上帝是全能的，那麼「不能舉起」理所當然是毫無意義的條件。任何形式的回答都指出這個問題本身就是矛盾的，就像「正方形的圓」一樣。這種解答你能夠認可嗎？

哲學語言：人在符號中存在

凡有人類的地方就會有語言。世界上到底有多少種語言呢？據德國出版的《語言學及語言交際工具問題手冊》說，現在世界上查明的有五千六百五十一種語言。在這些語言中，約有一千四百多種還沒有被人們承認是獨立的語言，或者是正在衰亡的語言。很顯然的問題是，說不同語言的人之間的交流必然會出現各種各樣的偏差，於是就有人希望出現一種全球性的語言，而這種願望在古巴比倫時期就出現了。

《聖經》中記載，諾亞及其家人靠方舟逃過洪水大劫之後，天下人都講一樣的語言。諾亞的後代繁殖得越來越多，遍佈地面。那時候人們的語言、口音都沒有分別。他們在往東邊遷移的時候，在示拿這個地方遇見一片平原，於是就在那裏住下。因為在平原上，用做建築的石料很不易得到，他們就發明了製造磚的方法，用泥作成方塊，再用火燒透，就拿磚當石頭，又拿石漆當灰泥，建造起繁華的巴比倫城。

人們為自己的業績感到驕傲，決定在巴比倫修一座通天的高塔來傳頌自己的赫赫威名，並作為集合全天下弟兄的標記，以免分散。因為大家語言相通，同心協力，階梯式的通天塔修建得挺順利，很快就高聳入雲。

上帝是不允許凡人達到自己的高度的。他看到人們這樣統一強大，心想，他們語言都一樣，如果真修成宏偉的通天塔，那以後還有什麼事做不成呢？上帝曾把希望具有他那樣智慧的亞當和夏娃趕出伊甸園，又用劍與火看守生命樹上的果子，不讓人分享，今天他要再一次制止人類接近自己的狂妄舉動。於是，上帝就離開天國到人間，變亂了人們的語言。人們各自使用不同的語言，感情無法交流，思想很難統一，就難免出現互相猜疑，各執己見，爭吵鬥毆。這就是人類之間誤解的開始，通天塔最終也就沒能建成。

語言本身就是一種世界觀。不同語言背景下的人看待這個世界的方式是不一樣的。「巴比倫之塔」就是語音「變亂」的意思。語言在敞亮世界的同時，也凝固了世界，從而使得統一的現實世界在語言的支配下支離破碎。

因此，哲學也關注語言，但不像語言學本體研究那樣探求語言規律並對語言現象作出解釋，而是要從語言中觀察世界，講出關於世界的道理。在語言哲學家看來，語言本身就是哲學的研究物件，所以，研究語言就是研究思想本身。而思想則是人存在的標誌，所以，語言是存在的家園。

古希臘哲學從一開始就表現為一種語言學上的訴求，後來海德格爾通過對「存在」的追尋而實現了西方哲學的語言學轉向，形成了今天的語言哲學。在語言哲學家看來，語言便是存在的家園，實際上可能是最後的家園。語言的誕生象徵人類具有了精神的獨立性，為人類個體心靈的發展開闢了一條神奇的道路。一部人類的文明史，就是一部縱橫交錯的語言發展史。

德國哲學家凱西爾說：「人是符號的動物。」人通過符號向世界頒佈意義，從而在本能世界之外又建立起一個文化、符號的世界。隨著人類語言的物質符號——文字的出現，語言成為構成人類存在本質的一個重要層面。時至今日，我們仍然在進行著古巴比倫人進行的活動，建造著自己的「通天塔」。

隨著全球化的日益發展，國際之間的經濟文化政治交流愈來愈頻繁，對統一的語言和文字的需求越來越急迫。於是，英語作為一種殖民主義的附帶品逐漸開始展現自己全球語言的一面。這一方面帶來了交流的便利，另一方面也帶來了其他小語言的消失，而由語言承載的思想性和存在性也隨之都消失了。也許不再會有上帝來懲罰我們，但是我們親手毀掉了我們的存在。

哲學思維：蘇格拉底的追問

蘇格拉底探討真理的方法很簡單，那就是對話，站在不同立場上的兩個人的對話。在談話的過程中，人們各自吸取對方的優點，在彼此不斷追問中，去揭示問題的本質。這種對話是辯證的、不斷向上提升的。

蘇格拉底在法院門口遇到歐西佛洛，歐西佛洛因其父親的疏忽導致一名工人喪生，於是便打算以侵犯神的權利的罪名到法庭控告父親。蘇格拉底瞭解事情的來龍去脈後，開始了與歐西佛洛的對話。

蘇格拉底說：「太好了，既然你對神非常崇敬，要維護他的權利，那就請你做我的老師，告訴我什麼是『敬』。」

歐西佛洛答道：「『敬』就是做的事情要讓神高興。」

蘇格拉底說：「那麼多神，應該讓哪一位神高興呢？況且神與神之間有那麼多恩怨仇恨，這個神高興的事，另外一個神不一定高興啊！」

歐西佛洛覺得蘇格拉底的話很有道理。如此一來，蘇格拉底就把焦點轉移了，他們繼續討論，蘇格拉底的每一句問話都是謙虛的，最後，歐西佛洛難以招架，只好說：「總之，敬神就是對神很好。」

蘇格拉底則說：「對神很好，是不是就像照顧馬一樣？你對馬很好，替牠刷背，洗澡，目的是為了利用牠為你拉車。這麼說你是在利用神嗎？」

歐西佛洛頓時啞口無言。在蘇格拉底的追問下，他感到自己並不知道什麼是敬神，又怎能用這個理由來告父親，於是藉故離開了。

蘇格拉底從來不告訴別人什麼知識，而是不斷地與人對話，只要別人說出一個觀點，他就不斷地追問，一直問到別人答不出來為止。

蘇格拉底的母親是一位助產婆，協助別人分娩嬰兒；蘇格拉底認為自己好似心靈上的助產婆，協助別人生出智慧的胎兒。蘇格拉底生長在雅典這樣一個愛琴海畔人口只有幾十萬的小小城邦，卻從來不覺得有什麼局限，因為他能時時地追問，將這最原始的方法發揮到極致。這或許也是他成為四大聖哲之一的原因。

智慧必須由自己覺悟而生，不能由別人給你，而這種覺悟則來自於自己對生活的印證。人的生命特色和其他動物不同，即人有自由。有自由代表需要選擇，而通過選擇，就能夠使某些價值呈現出來。

就像有的人在進行婚戀選擇時，習慣於向父母、朋友等過來人求教，但戀愛、結婚是自己一個人的事情，這和鞋子是否舒適只有自己能夠體會到是一個道理。

這裏有這樣一則笑話：

有這樣一個女人，在一次偶然的機會遇到了初戀情人的妻子。於是，她就對初戀情人的妻子說：「我真是羨慕你，當初我想和他在一起，他卻不同意，現在你能夠嫁給他，實在是太幸福了！」

結果初戀情人的妻子卻說：「你為什麼不嫁給他呢，害我受了這麼多年的苦！」

人生是需要體驗的，人生的問題是需要靠自己去印證的。如果凡事只是停留在懷疑的層次，而沒有自己去體驗，到了最後還是只能在知識的迷霧中打轉。相反，如果一個人真的能夠在懷疑與追問中借由體驗去印證價值，那麼隨著生命的成長，他的生活閱歷會越來越豐富，並且對人生的體驗及對價值的掌握也會更加深刻和準確。

第三課　人類在文明中迷失了方向

人類為了改善自己的物質生活條件、擺脫繁重的體力勞動而日以繼夜地發明技術，但大工業使人變成機械的一顆螺釘，喪失了人性。高度發達的現代科技正把人類以及人類文化帶向一個陌生、冷漠、黑暗、充滿危機的世界。

哈佛神學院唯一一位神教派牧師愛默生認為，娛樂是花，務實是根。如果要欣賞花的美麗，必須先加強根的牢固。

當一切都有了價值的標準

看過《鐵達尼號》的人一定不會忘記這樣兩個場景：

當鐵達尼號開始下沉時，船上共有兩千多位乘客，卻只有七百多人可以坐上救生艇逃走，這時出現的一句話是「婦女與小孩優先」。

在船最後快要沉沒時，居然還有幾位樂師在甲板上繼續拉著曲子。因為他們覺得自己有責任在最後關頭安慰他人，讓大家勉強維持平和的心境，跨越生死的界限，前往另外一個世界。

這兩個場景體現了這樣一種價值標準：騎士精神。「騎士精神」是男性對自我的一種期望，也是對自我價值的肯定。

隨著物質生活水平的提高，人們應該感受到幸福與自足。然而，事實恰恰相反，人被控制在自身慾望的享受和苦鬥中，被弄得精疲力竭，不僅沒有感到自由和幸福，心靈深處反而會感到失落和空虛，沒有精神寄託。人們雖然每天奔走忙碌、認真地生活，但是感覺不到生活的真義。

在現代文明制度下，無論是家庭，還是公司、社會，人們都按照一套完整的政治、經濟、道德、知識體系，以一種普遍統一的價值模式來複製個人、規定個人的生存方式。每個人在這一系列「人的標準化」的規訓改造之下，成為「標準化的人」。個人失去了自己的獨特價值，可以被任何一個別人替代，就像機器上的螺釘那樣。

法國哲學家福柯認為，當每個人都在按照「人的標準」的普遍模式去打造自己或他人的時候，人就已經死了。福柯曾借圓形監獄抽象地描述「人死了」。

圓形監獄的藍圖是英國人提出的，其基本結構是：圓形監獄由一個中央塔樓和四周環形的囚室組成，環形監獄的中心是一個瞭望塔，所有囚室對著中央監視塔，每一個囚室有一前一後兩扇窗戶，一扇朝著中央塔樓，一扇背對著中央塔樓，作為通光之用。這樣的設計使得處在中央塔樓的監視者可以便利地觀察到囚室裏的罪犯的一舉一動，對犯人瞭若指掌。同理，在中心眺望塔監視者能觀看一切，但是不會被觀看到。另外，監視塔有百葉窗，囚徒不知是否被監視以及何時被監視，因此囚徒不敢輕舉妄動，從心理上感覺到自己始終處在被監視的狀態，時時刻刻迫使自己循規蹈矩。這就實現了「自我監禁」——監禁無所不在，潛藏進了他們的內心。

這種監獄按照嚴密組合方法建立起來，對懲罰輕重的等級處理和禁錮空間的分配都依據科學的理性原則，有一整套控制、監視、管教、改造和懲罰的組織管理手段，並由此建立起現代的紀律和訓練觀念。犯人在那裏受到隔離、禁閉和行為約束，他們的行動按照統一的時間表進行。在這裏，人不被看做是一個具有自己獨特個性的個體，而是一個能夠被馴化、調教、塑造的物件。通過這個系統的改造，人變成了一個個整齊劃一、有用而聽話的「肉體」。

福柯借此與生活於現代文明下的人進行對比，家庭、學校、社會所有的生活空間都以此為模式，各個機構的一道道高牆就是囚室的四壁，寬闊的街道只不過是監獄中散步的走廊和放風的庭院。

整個現代世界都是一座無所不在、無所不能的「圓形監獄」，每個人都在監控網路之中，被各種紀律、制度約束，人們監視著每一個人，同時也被別人監視著，隨時警惕著不符合秩序的個體，隨時對異常個體進行處置，最後都成了「馴服而有用的肉體」。

能夠感受到自己生命具有獨特意義的人，是沒有存在的價值的，是不被這個社會所需要的。「人」在社會這個巨大的圓形監獄中「死」去了。人永遠生活在別處，而不在自己之中。

福柯的「人之死」，就是想要殺死價值模式化所建構的標準人、樣板人，讓鮮活靈動、自由舒張的人性解放出來，就像福柯所希望的，「人的生活應當成為藝術品」。

人與自然得不償失的交易

「知識就是力量」是培根一句膾炙人口的名言，人們往往拿這句話來說明現代文化和科技的重要作用。沒有現代科技，就沒有我們乘坐的汽車，沒有我們撥打的電話，甚至沒有我們愜意的現代生活。

然而，這句話並不是培根思想的全部。在培根看來，人是自然的主人，可以駕馭自然，但「要命令自然，就必須服從自然」，即認識自然規律，掌握科學知識。正是從這個角度出發，培根提出了「知識就是力量」的著名論斷，影響了一代又一代人的生活。知識是力量，但要是應用不當就是不可逆轉的破壞性的力量。

一九四八年瑞士化學家保羅·米勒因發明了對人和動物有劇毒的有機氯殺蟲劑DDT而獲諾貝爾生理學和醫學獎。最初DDT確實呈現了巨大的功效。二次大戰末期，各國士兵用DDT來殺滅蝨子，以阻止斑疹傷寒的傳播。而斑疹傷寒是影響部隊實力的嚴重疾病，譬如影響到拿破崙軍隊於一八一二年遠赴莫斯科的征戰。在一九四八年的諾貝爾獎授獎大會上，瑞典的G·費希爾興奮地說：「出人意料地、戲劇性地突發轉機，DDT成為力挽狂瀾的角色。」

然而一九六二年，美國女生態學家萊切爾·卡遜出版的《寂靜的春天》指出，DDT作為劇毒化學物質殺死了大量生物，而且對人和環境也產生了難以估量的嚴重危害：作為美國象徵的白頭海鵰因DDT和其他殺蟲劑的毒殺瀕臨滅絕，世界許多地方的青蛙因DDT污染而致畸形，DDT使用較多的地方導致鳥類減少甚至滅絕。DDT不僅抑制人和生物的免疫系統，損害神經和生殖系統，而且有致癌作用。萊切爾清醒而擔憂地預言：「我們長期以來一直行駛的這條道路，使人容易錯以為是一條舒適、平坦的超級公路，能讓我們在其上高速前進。實際上，在這條路的終點卻有災難在等待著我們。」

萊切爾所描述的恐怖景象，從二十世紀六〇年代至今正在一步步擴展。聯合國環境規劃署認為，大量事實證明，每年由人類釋放到環境中的污染物中持久性有機污染物的毒性是最大的。隨著從南極企鵝的體內檢測出DDT超標的消息傳來，也許這個世界上真的沒有一塊淨土了。人類如果不限制有毒化學物質的生產與消費，最後吞下苦果的還是人類自己。人類依然在拼命破壞環境、耗竭資源來換取一點生活慾望的滿足，但是始終沒能跳出叔本華的悲劇性斷言，我們付出了那麼多，就是為了吃、喝、拉、撒的慾望之需，且把地球搞得越來越糟，人類遭受更大痛苦的危機日益加重。這是何等得不償失的一場交易！

如果人們問培根，知識是如何獲得改變自然的力量的呢？培根的回答應該是，人的知識是對自然的因果規律的瞭解，瞭解自然的因果關係之後，就可以改變它、命令它，趨利避害，使自然規律為人類的利益服務。然而可惜的是，現代人只看到了知識具有力量這一面，卻忽視了知識本事就應該建立在尊重自然規律的基礎之上，從而導致像濫用DDT造成惡果的事件一再發生。

一九八八年，波蘭導演基斯洛夫斯基拍攝的《十誡》以十個當代波蘭人的故事將古老的「十誡」重新演繹，揭示了當代人所處的種種道德困境。其中每一集與基督教教義裏的《十誡》有著一種鬆散的對應關係。

十歲的男孩帕維爾母親去世，父親獨自撫養他。帕維爾編了一個程式，可以和死去的媽媽對話。父親相信一切都能夠用電腦方程式運算出來。冬天到了，父親讓帕維爾打電話詢問最近三日的溫度，得到的回答是：「今天零下十一度，昨天零下十四度，前天零下十二點五度，有八天的霜凍。」父親將它們一一輸入電腦，計算結果很快出來了，冰面的承受強度為每平方米可以承受二百五十七公斤，「一個比你重三倍的人。」帕維爾興奮得晚上睡不著覺。

隔天下午，父親獨自在書房工作。突然，放在桌上的一支鋼筆開始滲漏，墨水瓶破裂，深色墨水灑在書上。湖上的冰裂了，帕維爾沉落湖底，再也沒有上來。

顯然人類將他們科學活動的作用誇大了。實驗室裏的活動是在理想條件之下的活動，而任何具體的人類事務總會遇到許多偶然的、意想不到的情況，受著某時某地條件的限制，而不像實驗室的情況那樣純粹，實際生活並不是用任何原理所構築起來的。這種盲信科學主宰一切，將科學當做一切聲音中的最強音，乃至用科學藍圖去改造社會，是現代人類悲劇的來源之一。

赫胥黎的預言真的來了嗎

赫胥黎的《美麗新世界》是二十世紀最經典的反烏托邦文學之一，與喬治·奧威爾的

《1984》、紥米亞京的《我們》並稱為「反烏托邦三書」，在世界思想界影響深遠。

赫胥黎在《美麗新世界》中為我們描繪了虛構的福帝紀元六三二年即西元二五三二年的社會。這是一個人從出生到死亡都受著控制的社會。在這個「美麗新世界」裏，由於社會與生物控制技術的發展，人類已經淪為壟斷基因階段公司和政治人物手中的玩偶。這種統治甚至從基因和胎兒階段就開始了。人們漸漸愛上壓迫，崇拜那些使他們喪失思考能力的工業技術。

在新世界裏，人類把汽車大王亨利·福特尊為神明，並以之為紀年單位，它的元年是從福特第一輛T型車上市那一年開始算起的。

在這個想像的未來新世界中，人類的人性已經消泯，成為嚴密科學控制下，一群被註定身份和命運的奴隸。

故事裏的大部分人都住在城市裏。這些城市人在出生之前就已被劃分為「阿爾法（α）」、「貝塔（β）」、「伽瑪（γ）」、「德爾塔（δ）」、「愛普西隆（ε）」五種「種姓」。阿爾法和貝塔級別最高，在「繁育中心」孵化成熟為胚胎之前就被妥善保管，以便將來培養成為領導和控制各個階層的大人物；伽馬是普通階層，相當於平民；德爾塔和愛普西隆最低賤，只能做普通的體力勞動，而且智力低下，尤其是許多愛普西隆只能說單音節辭彙。

此外，那些非阿爾法或貝塔的受精卵在發育成為胚胎之前就會被一種叫「波坎諾夫斯基程式」的方法進行盡可能大規模的複製，並且經過一系列殘酷的「競爭」之後才能存活下來，可謂「出胎即殺」，如書中以電極懲罰接觸花朵的嬰兒，以暴力洗腦的方式對嬰兒進行教育。書中的第五姓經以人工的方式導致腦性缺氧，把人變成癡呆，好使這批人一生只能以勞力工作。

管理人員用試管培植、條件制約、催眠、睡眠療法、巴甫洛夫條件反射等科學方法，嚴格控制各種姓人的喜好，讓他們用最快樂的心情去執行自己的被命定一生的消費模式、社會姓和崗位。真正的統治者則高高在上，一邊嘲笑，一邊安穩地控制著制度內的人。

嬰兒完全由試管培養、由實驗室中傾倒出來，完全不需要書、語言，無須負責任的性愛成為人們麻痹自己的正當娛樂，有情緒問題用「蘇麻」（一種無副作用的致幻劑）麻痹，所謂的家庭、愛情、宗教……皆成為歷史名詞，社會的箴言是「共有、統一、安定」。

一個「野蠻人」約翰和母親由美國新墨西哥州的「野蠻人保留區」進入了作為那個時代的最大政權「世界國」的重要城市倫敦。當地人非常驚訝，因為「野蠻人」有太多使他們不解的地方。而「野蠻人」也對倫敦有太多不解的地方，他為了人生的自由、為了解放城市人而努力過一會兒，最後卻受盡城市人的白眼、取笑，陷入絕望，直至最後自殺而死。

正是在這個「美麗新世界」裏，人們失去了個人情感，失去了愛情，失去了痛苦、激情和經歷危險的感覺。最可怕的是，人們失去了思考的權利，失去了創造力。在「美麗新世界」中，每個人都失去了自己的個性與追求，像一台不知煩惱的機器一樣活著，不會有悲傷，但也不會有快樂。

如今，我們是不是在面臨二〇一二的預言呢？是不是預言要實現了呢？還是人們又一次倖免於難。災難可能不是來自外界的，更可能是出自人性扭曲和科技加劇。人們的確是漸漸異化，變得愛上壓迫、迷戀制度、喪失獨立，而帶來真正的災難。何況，一旦有人傾向於相信二〇一二的預言，於是他們恰好更理所當然地發出了「娛樂至死」的口號，並視之為行為之圭臬，進一步和「美麗新世界」的目標接近。

在這樣的一個時代，我們怎樣發出抵抗的聲音？在赫胥黎早早發出警告而我們正重蹈其覆轍的時候，當我們的孩子迷戀電視節目而過早失去了童年的時候，每個人的心裏都已經啟動了埋藏好的彈藥。

人造子宮的傳統倫理顛覆

迅速發展的現代科學技術不僅為人類提供了創造物質財富的前所未有的能力，而且對人類道德的進步起著有力的促進作用，但同時也給傳統的倫理觀念帶來了衝擊。《生物技術世紀》一書作者裏夫金稱，繼複製人之後，人造子宮是又一顆等待引爆的「生物學炸彈」，無疑，一旦這項研究成熟，自然生育就面臨著終結的命運。

一九九六年七月五日，世界上首隻複製羊「多利」在英國誕生。自此以後，「複製」在人們的生活中早已經不再新鮮了。隨著「人造子宮」概念的提出，人們的視野裏又多了一個衝擊。「人造子宮」的設想，源於上節中我們提到的反烏托邦小說《美麗的新世界》：

人類社會變成了一個「基因烏托邦」。高水準的基因技術使得生育這一漫長而又痛苦的過程變成了機械化工廠裏的標準作業。設計、複製、人造子宮孕育成長。高度機械化的程式運行中，人類延續至今的繁衍過程變得愈加簡單，自然生育方式早已變成了「禽獸行為」，女人生育的職責已經徹底解放了。女性和男性通常會選擇在最佳生育年齡將各自的卵子和精子在生命工廠中冷凍保存，等到他們想擁有自己的孩子時，只需授權生命工廠進行人工授精，並在人造子宮中孕育。嬰兒從人造子宮中出生以後，生命工廠再通知父母前去認領。

這在二十世紀三〇年代還被譴責為「癡人說夢」的構想，現如今已經真正來到我們的世界。科學發展的速度竟然如此之快，女權主義者曾經抱怨女性生育的痛苦卻沒有選擇的權利，對女性來說，懷孕和分娩無疑是一次痛苦的經歷。「人造子宮」的提出正是給女性提供了一個可以選擇的權利。然而，即使有「人造子宮」的存在，多數婦女仍願意選擇親自懷孕，她們認為這是一個女人的幸福所在。

但是複製技術極大地衝擊了社會倫理觀念。複製人也許為人類實現長生不老的千年夢想提供了有科學依據的可能，但禍福相依，複製行為將會損害被複製者的公民權益，使被複製者的唯一性、獨特性大大降低。同時，自我欲求、需要、生存價值受到限制，與他人同樣所應有的自主權、自決權將遭到否定。

更為重要的是，「複製人」為人類人口的非自然生產，即人工生產。正如一位美國倫理學家所指出的：「如果把複製技術用於製造嬰兒，那麼我們便面臨著由父母生育子女的時代向父母製造子女的時代轉變。」

果真如此的話，我們將面臨一系列的倫理問題。父母的職責會發生什麼變化？父母與子女的聯繫是否會大為削弱？我們藉以延續人類文明的傳宗接代觀念還會繼續存在嗎？一旦「人造子宮」與複製技術結合，同性戀也會有屬於自己的孩子，那性別角色在我們的社會中還會存在嗎？女人一旦不在自己的子宮裏生育，那麼女人存在的價值是否要重新界定呢？

隨著時代的進步和科學技術的發展，這類倫理難題雖然有望解決，但積澱於人們內心深處的傳統倫理文化觀念對未來人們的影響不會完全消失。由此可見，傳統的愛情、婚姻、家庭倫理已處於風雨飄搖之中，這不能不引起我們的高度重視。

第二篇　人性的真相：人往哪裡去

第一課　我們真的擁有自己嗎

人的命運一半是由外力造成的，一半是由自身設計的。如果我們不能改變我們周圍的際遇，那麼起碼可以掌握我們自己的內心。

人生只有一次，上帝在這件事情上賜予眾生無與倫比的平等。我們又怎能將這僅有的一次生命讓他人做主？

畢業於哈佛大學的哲學家亨利．大衛．梭羅認為，做自己的主人，人生的所有法則都將變得簡單，孤獨將不再孤獨，貧窮將不再貧窮，脆弱將不再脆弱。

認識你自己，凡事勿過度

古老的哈佛比美國歷史還長，世人都說「先有哈佛，後有美國」。哈佛以她獨特的人文關懷精神培養了一批又一批傑出的哈佛人。

哈佛學子之所以不平凡，是因為他們對自己有清楚的認識，他們能夠充分認識到自己適合過什麼樣的生活，自己該有怎樣的人生，什麼事情該做，什麼事情不該做。

翰森先生赤手空拳，艱苦奮鬥，終於成為一名成功的金融家。

翰森只有威特一個兒子，從小就給他創造了一個優越的環境，希望威特能成為一個卓越的人。

威特從入學起，他的成績在學校就是出類拔萃的。在六歲時，威特就夢想著當一名糕點師，做出最棒的布朗尼蛋糕。

高中快畢業的時候，威特躊躇滿志地報考了三所烹飪學院，但最終卻因考試成績不理想而遭到各個學院的拒絕。這對從小就十分優秀的威特是個很大的打擊，他把自己關在屋子裏待了好幾天。無奈之下，威特最終選擇了哈佛大學。

幾年後，威特以優異的成績從哈佛大學畢業，進了翰森先生的公司工作。威特憑藉自己的能力不僅很快熟悉了金融業務，而且很快在金融界嶄露頭角。畢竟歲月不饒人，翰森先生病倒了，雖然不嚴重，但醫生還是叮囑他臥床休養。

這天晚上，威特拿出自己烘焙好的布朗尼蛋糕遞給翰森先生，棕色的糕體散發著巧克力香味，看上去鬆軟可口。威特捧著蛋糕，臉上洋溢著得意的笑容。那笑容是翰森先生很久不曾看見的，他記起兒子孩提時的理想。

翰森先生的眼睛濕潤起來，他接過蛋糕，認真地問威特：「這麼多年，你工作得並不快樂，對不對？」

威特怔了一下說：「可我一直做得很出色。」翰森先生低頭咬了一口布朗尼蛋糕，咀嚼半天，說：「我一直為擁有一個出色的兒子自豪，但是吃了你親手做的布朗尼蛋糕，我才發現原來擁有一個快樂的兒子更重要。」

說罷，翰森先生帶著兒子到書房，從保險櫃裏拿出當年威特考烹飪學院的成績單，全是優秀記錄——當時是他隱藏了威特真正的成績。

第二天，威特就宣佈辭去公司所有職務，正式經營一家糕點店。

一塊美味的布朗尼蛋糕，不僅是威特的夢想，而且也是他與自己的較量。

世界上最難認清的就是自己。一個人要想真正認識自己，並不是一件簡單的事，它要求我們必須從性格、愛好等方面全面分析自己。只有正確地認識自己，才能保持本色，找到適合自己的位置。認識自己，並且按自己的意圖去做事，才能讓自己具有無窮的魅力。

我們都知道在戴爾菲神殿上刻著「認識你自己」這一行字，「戴爾菲」是世界上著名的古希臘神殿，古希臘人把阿波羅神殿視作一個解決人生謎題的神聖殿堂。戴爾菲神殿中供奉的是阿波羅神，阿波羅神是希臘神話中的太陽神，他是光明、理性的代表。人生總是充滿著困惑與不解，加之當時的教育又不夠普及，當人們在迷惑不解時都會到戴爾菲神殿去求籤，請神殿中的祭司加以解釋。

對希臘人來說，戴爾菲神殿可以算是信仰的中心，而能夠被刻在神殿上的語句一定是極其重要和特別的。其實，在戴爾菲神殿上還刻著一行大多數人不知道的字，那就是「凡事勿過度」。這句話是在警醒世人做任何一件事情都不要過度執著，要懂得適可而止。

一個背著大包裹的憂愁者千里迢迢跑來拜訪一位德高望重的哲人，他訴苦道：「先生，我是那樣孤獨、痛苦和寂寞，長期的跋涉使我疲倦到極點，我的鞋子破了，荊棘割破了雙腳，手也受傷了，流血不止；嗓子因為長久的呼喊而沙啞……為什麼我還不能找到心中的陽光？」

哲人問：「你的大包裹裏裝的是什麼？」

憂愁者說：「它對我可重要了。裏面是我每一次跌倒時的痛苦，每一次受傷後的哭泣，每一次孤寂時的煩惱……靠了它，我才能走到您這兒來。」

聽完後，哲人帶憂愁者來到河邊，他們坐船過了河。

上岸後，哲人說：「你扛了船趕路吧！」

「什麼，扛了船趕路？」憂愁者很驚訝，「它那麼沉，我扛得動嗎？」

「是的，孩子，你扛不動它。」哲人微微一笑，說：「過河時，船是有用的，但過了河，我們就要放下船趕路。否則，它會變成我們的包袱。痛苦、孤獨、寂寞、災難、眼淚，這些對人生都是有用的，它能使生命得到昇華，但久久不忘，就成了人生的包袱。放下它吧！孩子，生命不能太負重。」

憂愁者放下包袱，繼續趕路，他發覺自己的步子輕鬆而愉悅，比以前快得多。原來，凡事不可過度，生命是可以不必如此沉重的。

在年輕的時候，我們總會懷揣著遠大的抱負和理想，然後為此執著地、瘋狂地追尋，為此，我們背負著沉重的心理包袱，以至於讓自己身心俱疲，以至於在多年以後才悔悟到因為自己當時的偏執讓自己錯過了太多美麗的風景。如果我們能夠正確地認識自己，凡事勿過度強求，懂得適可而止，即使無法到達山頂，至少我們享受到了路邊的美景。

一個人的成功過程就是一個不斷自我認識的過程。一個人對自我認識是伴隨著人的年齡的增長和閱歷的豐富而完成的。雖然自我認識不是一件容易的事，但人完全有能力正確地認識自我。

因為只有正確地認識了自我，才可以做出正確的決斷和準確的選擇，才能懂得適可而止，適時地把握機會，實現人生的意義與價值。

人是否能選擇自己需要的

哈佛醫學院的一位著名教授曾遇到過一個名叫波波拉的女人，波波拉是位女教師，她對自己的臉感到很不滿意，覺得哪兒都不順眼，因此決定去整容。醫師仔細地望著她，認為她長得並不難看，問題就在於她把自己估計得太低。醫師還是動手術稍微改善了她的五官，但只是動了一些小手術，比她所要求的要少很多。

波波拉很不高興，她一邊打量著鏡中的自己，一邊埋怨道：「你並沒有對我的臉作太大的改變。」醫師說：「你的臉本來就只需稍作改變，問題是你使用臉的方式錯了，你把它當做是一個面具，用來遮掩你的真實感覺。」

波波拉傷心地低下頭說：「我已盡最大的能力了。」

醫師理解地看著她，波波拉沈默片刻，然後袒露了心聲：每一天她到學校去時，都像戴著面具，要表現出最好的一面，把所有的感情全部隱藏起來，只留下她認為「正確」的一部分。三年的教學生涯中，孩子們總是嘲笑她。

醫師說：「孩子們嘲笑你，是因為他們已看出你一直在演戲。身為一名教師，並不一定非要表現得十全十美，偶爾也可以表現得愚蠢一點，學生們仍然會尊重你。摘掉你的面具，你會更喜歡你自己。」

離開診所後，波波拉心情好多了。幾個月後，她再也不擔心她的臉，也不再抱怨了。

我們的生命、容貌、出身、本能等，都是與生俱來的，是無法選擇、無法改變的。沒有人會徵求你的意見，如你願不願意出生、想要什麼樣的容貌、想選擇什麼樣的家庭背景、都需要哪些本能等，你就已經降臨人世，有了生命，在呱呱聲中，來不及問一聲為什麼，命運的鞭子就已經催你上路了。

正如海德格爾所說「人是被拋入這個世界的」，我們是無法選擇自己的。每一個人一生都會歷盡艱辛苦楚，我們已經無法記清自己經歷過多少次的心碎欲裂：為了枯萎死去的愛情，為了逝去的親人、朋友，為了年少時的夢想，為了太多我們無法得到抑或是得而又失的人或事，我們常常會陷入苦痛的深淵而無法自拔，但每每走過一段人生歷程，我們又常常會感歎於自己竟然能夠走過那麼多的苦難。

終於有一天，我們經歷完我們命定的劫難，可以安然地入睡了，但是就在你回眸而望的一剎那，你卻突然疑惑了：這讓你筋疲力盡的一生真的是屬於自己的嗎？也許，你只是被不幸選中來上演一場所有情節都被譜寫好的戲劇，而且是一場註定就沒有結局的悲喜劇，可是，面對這樣的情境，我們卻連說「不」的勇氣都沒有。當人生帷幕落幕的那一刻，觀眾們心滿意足地走出了你人生的劇場，而你只能站在空曠的人生舞臺上，望著他們漫不經心的背影，最後留給自己的只是欲哭無淚的彷徨……

叔本華勸世人斬斷慾望，斷盡痛苦的根源，最終卻只能在拈花微笑的佛門找尋人生的皈依。「人們一思索，上帝就發笑」，人生的悖論永遠是無解的，人們在無奈中哭泣地追尋，留下的永遠是那雙佈滿憂傷的眼睛。

湯瑪斯．阿奎那認為：人生在世，只不過是過路的旅客。人是不可能永遠活在人世上的，無論你是超級富豪還是一介平民，都逃脫不了人生之大限——死亡。所以說，人生的意義就是在這個旅行的過程中。湯瑪斯讓我們把幸福寄託於來世和上帝，把追求塵世幸福的行為和想法看成是邪惡的，其實是讓我們否定現在，活在一種期待中。豈不知，人生的旅行並沒有什麼終極的目的地，耽誤了路邊的風景本身就是浪費生命。

生命是一種過程，生命本身其實是沒有任何意義的，只是你自己賦予你的生命一種你希望實現的意義，因此享受生命的過程就是一種意義所在。很多時候，人們都過於追求事情的結果，往往忽略了享受生命過程的美好。事情的結果好了，我們會感到快樂，但這種快樂是短暫的、稍縱即逝的；而享受生命的過程卻能夠使我們的生命更加充實，而我們在不斷充實自己的過程中定能夠享受到長久的快樂與滿足。

我們真的能追求到完美嗎

有這樣一位老人，他的外表雖然狼狽，卻有著一雙炯炯有神的眼睛，不論是行走或躺臥，他總是仔細而專注地觀察著來來往往的人。

老人的外貌與雙眼組合成了一幅極不統一的畫面，吸引了所有人的目光，人們竊竊私語：這不是一個普通的旅人，他一定是一個特殊的尋找者。

但是，老人到底在尋找什麼呢？

一些好奇的年輕人忍不住問他：「您究竟在尋找什麼呢？」

老人說：「我在你們這個年紀的時候，就發誓要尋找一個完美的女人，娶她為妻。於是我從自己的家鄉開始尋找，一個城市又一個城市，一個村落又一個村落，但一直到現在都沒有找到一個完美的女人。」

「您找了多長時間呢？」一個年輕人問道。

「找了六十多年了。」老人說。

「難道六十多年來都沒有找到過一個完美的女人嗎？會不會這個世界上根本就沒有完美的女人呢？豈不是找到死也找不到嗎？」

「有的！這個世界上真的有完美的女人，我在三十年前曾經找到過。」老人斬釘截鐵地說。

「那麼，您為什麼不娶她為妻呢？」

「在三十年前的一個清晨，我真的遇到了一個最完美的女人，她的身上散發出非凡的光彩，就好像仙女下凡一般，她溫柔而善解人意，細膩而體貼，善良而純淨，天真而莊嚴，她……」老人邊說邊陷入深深的回憶中。

年輕人更著急了：「那麼，您為何不娶她為妻呢？」

老人憂傷地流下眼淚：「我立刻就向她求婚了，但是她不肯嫁給我。」

「為什麼？」

「因為她也在尋找這個世界上最完美的男人！」

生活中許多人就像這位老人一樣，終其一生都在尋找一位最完美的伴侶，尋找一份完美的工作，尋找一種完美的生活，然後日子就在這種尋找中如白駒過隙般溜走了。

追求完美是人類正常的渴求，也是人類最大的悲哀，因為現實生活中「完美」這個字眼的誕生原本就伴有缺憾。世界上本無完美的事物，如果你一味地將追求完美的繭一層一層地套在身上，那麼你最終也會死在這重重的包裹中，最後留給自己的只能是遺憾和痛苦。

泰勒·本沙哈爾教授原來也是一個完美主義的追求者。他在十一歲時放棄了自己的籃球夢開始打壁球，那段時間，他的生活也是圍繞壁球展開的。每天跑步，打球，上學，放學，打球，鍛鍊，寫作業，睡覺。日復一日年復一年，日子過得很艱苦，但是他身體上的痛苦始終比不上心理上的疲倦。他始終達不到自己理想中的狀態，以致到了關鍵比賽就緊張無比，輸掉了本該獲勝的比賽。每次他都告訴自己，如果能夠贏得這場比賽，自己就會開心，就會平靜。最後，泰勒．本沙哈爾終於打進了以色列全國壁球比賽的決賽，並且獲得了夢寐以求的成功。

那個時刻，泰勒．本沙哈爾高興萬分，認為這所有的一切都是值得的，因為他終於可以開心了。但是喜悅和興奮過後，他哭了起來。這不是喜悅的淚水，而是無助和痛苦的淚水。泰勒．本沙哈爾本以為這僅僅是大喜之後的大悲，會很快過去，但是這種情緒一直沒有退去。數周後，他告訴自己，他要成為世界冠軍才會真正快樂。

於是，泰勒．本沙哈爾去了英國，去模仿世界冠軍的訓練方法。他每天跟隨著世界冠軍跑七英里，還要在健身房鍛鍊三小時。半年後，泰勒．本沙哈爾已經成為了世界冠軍的固定陪練，跟隨他到處旅行比賽。不幸的是，傷病找上了泰勒．本沙哈爾，但還好不是嚴重的傷病，泰勒．本沙哈爾依然堅持刻苦訓練，一直堅持了四年。但是傷病越來越重，直到二十歲時，醫生告訴泰勒．本沙哈爾，他要麼繼續職業壁球生涯，不過背部必須做手術；要麼就乾脆放棄。於是，泰勒．本沙哈爾放棄了自己的夢想，考到哈佛大學。

泰勒・本沙哈爾進入哈佛前的經歷竟如此曲折，而且他的身心也承受著巨大的痛苦，這是因為泰勒・本沙哈爾對「完美」過於執著。事實上，在哈佛有很多人都有完美主義的情結：可能是因為他們本身就很優秀，所以傾向於各方面都做到最好；也可能是因為他們害怕失敗，所以即使是自己沒有能力做的事情，也力求盡善盡美。

有些事可以通過努力改變，而有些事無論如何努力都難以改變。對於我們不能改變的，不管喜歡與否，我們只能接受它們，不應該抗拒。世界就是這樣，事情本來如此，天生萬物，一些東西永遠不可能改變。有些人為了讓自己更加完美，不惜去做手術改變面容，然後當臉部發生不適的時候，又要去花大筆的錢將臉重新還原，否則就有生命危險。為了完美而苛求自己，無疑是對自我的一種虐待。

完美主義經常會悄悄地、深深地滲入人們的心裏，但是世上哪有真正的圓滿？對於自己的缺陷不要耿耿於懷，要敢於面對不完善的自我，這才是真正的勇者。從自身條件的不足和所處的不利環境的局限中解脫出來，去做自己想做的事吧。

自尊：一切想法和判斷的根源

有一年的春季學期，一個名叫斯坦的女孩子選修了威廉姆．詹姆斯的哲學課程。期末考試那天的天氣很好，考試的內容是關於人生的意義之類形而上學的東西。斯坦看完題目後，在自己的答卷上寫下一句話：「在今天這樣美好的天氣裏答題考試，甚為可惜。」然後，她便離開了教室。哲學老師威廉姆．詹姆斯最後給了她A的成績。

大家一定會覺得詫異，威廉姆．詹姆斯為什麼給了這個女孩A的成績？這是因為威廉姆．詹姆斯認為這個女孩具有獨立的自尊心。

通常情況下，人們認為自尊心僅僅是自己虛榮心的滿足。然而，美國自尊研究的鼻祖、一位有五十年工作經驗的心理治療師和哲學家伯蘭登對自尊做出這樣的定義：「自尊是一種認為自己有應對生活基本挑戰的能力、值得追求幸福的傾向。」這個定義中提到了兩個概念：個體的能力和個體的價值感。這兩者都很重要，否則會造成較低的自尊水平。

一個人在各方面都很能幹，不管是事業、家庭還是人際關係都不錯，但他的自尊心水平還是可能很低，這是因為他缺乏「價值感」。我們一生中作出的所有評估，都沒有對自我的評估重要。因為我們一直和「自我」在一起，我們對自己的評價會影響到我們生活的各個方面——無論是獨處的時候，還是與他人在一起的時候。無論是我們環顧周圍，還是檢驗自己，幾乎每個人的自尊心都有很多提升的空間。

自尊不是和成功、社會地位、金錢等聯繫在一起的，而是受其他因素的影響。

有一些人總是需要別人的表揚，比如做演講的時候，如果觀眾反應強烈，就會很高興，如果觀眾沒有反應；他便講得索然無味；又比如有的學生很在意家長和老師對自己成績的評價，如果老師和家長都表揚他，他會很高興；如果有人對他的成績表示懷疑或者不屑一顧，他就會很難受，覺得自己受了莫大的委屈。這種喜怒全繫於他人的人，生活的動力往往來源於他人的看法。比如就業時，會傾向於高名望、高地位的工作；選擇伴侶時，主要考慮別人是否肯定、是否喜歡。

他們對自己的判斷也是來自與他人的比較，如果考試成績比別人高，感覺很好，反之則感覺很糟糕。「我全身心地投入心理學的學習，如果有人比我學得好，我會感覺到壓抑和羞愧。」幾乎沒有人不具備依靠性和比較性的自尊，因為我們都是凡人，不可能無視他人的看法，不與他人比較，這是人性使然。如果我們想要克服人性的弱點，就要學會遵從它，否則只會適得其反。

也有的人對自己的評判是根據自我的標準，比如，一個人很清楚自己的學習是否努力，工作是否用心，儘管別人對此有很多的看法，但最終內心的尺是由他自己來衡量的。這樣的人在思考自己的能力大小時，不會和他人比較，而是和過去的自己比較。我進步了嗎？我是不是比過去的自己幸福？在這樣的觀念指導下，別人進步的多少，別人幸福還是不幸，都不會影響他對自己的評價。

對於自尊的維護，我們既不依靠他人的看法，也不應來源於自我的評判。我們在評價自己的能力時，既不需要和別人比較，也不需要和自己比較，它是一種自然存在的狀態。例如，寫一本書時，有的人會和其他書籍進行比較，動力來自於他人的讚揚和肯定；有的人的滿足感來自自己寫作水平的進步，由自己來決定書寫的好壞；而有的人寫書的目的很簡單，就是當有好的想法時，希望能用書呈現出來。如果發現其他同樣優秀的書，也會感到很滿意——因為他們把自己和他人融為一體了，也就不會把自己和別人放在對立面上。

對於自尊的培養需要很長的時間，或許是一輩子，就像走路，我們在孩提時不會走路，磕磕絆絆，需要他人的幫助；一段時間之後，我們能單獨走路了，但還是很小心翼翼，不太熟練；後來，我們就能獨自熟練地走路了。

剛出生的時候，我們都沒有自尊，過一段時間後，我們開始通過他人的看法來瞭解自己；然後，我們開始有自己的意識，懂得和以前的自己進行比較；最後，如果獨立性的自尊足夠強，我們進行到自然而然的存在的階段。很多人到了很大的年齡才真正懂得如何讓別人瞭解自己，而不是一味地尋求肯定。

第二課　人性的弱點：洞見人性的黑子

哈佛教授卡倫·琳賽認為，很多人之所以失敗，甚至淪為罪犯，都是被人性中的弱點主宰的結果。如果你無法走出人性中的弱點，就會迷失自我，最終喪失美好的前程。金無足赤，人無完人。每個人身上都有大大小小的弱點。有的弱點如玉器上的小瑕疵，瑕不掩瑜，無傷大雅的弱點反而讓人更生動、更真實。但還有一些足以摧毀人生的缺陷，一旦它們主宰了我們的大腦，將會給我們帶來無止境的噩夢。

撒斯姆：我們到底應不應該有慾望

撒斯姆（samle）——慾望天使，他的力量非常特殊，屬於可以讓人類的靈魂墮落的天使！他和亞伯汗、瑰洱一樣，有著自己的世界，是上帝同意而建立的。「samle」在他們中是絕對主宰。

世界上的許多宗教都信奉這個天使，因為這個天使有著自己的世界，可以滿足人類的一切慾望。不過，一旦信奉他，就等於背叛上帝的世界，背叛自己的靈魂，最終也會在「samle」的世界裏迷茫而死。

人的慾望就像個無底洞，縱使有萬千金銀也難以填滿。慾望是需要用「度」來控制的。人具有適當的慾望是一件好事，因為慾望是追求目標與前進的動力，但如果給自己的心填充過多的慾望，只會加重前行的負擔。人貪的東西越多，附加在心理的負擔也就越重，可明知如此，許多人仍然根除不了劣根性的限制。對於真正享受生活的人來說，任何不需要的東西都是多餘的，適當放下是一種灑脫，是參透人性後的一種平和。背負太多的慾望，總是為金錢、名利等奔波勞碌，整天憂心忡忡，又怎麼會快樂呢？只有放下那些過於沉重的東西，才能使心靈放鬆。

有一次，蘇格拉底帶著他的學生來到一個山洞裏。學生們正在納悶，他卻打開了一座神秘的倉庫，裏面裝滿了放射著奇光異彩的寶貝。仔細一看，每件寶貝上都刻著清晰可見的字，分別是驕傲、嫉妒、痛苦、煩惱、謙虛、正直、快樂……這些寶貝是那麼漂亮、那麼迷人。這時蘇格拉底說話了：「孩子們，這些寶貝都是我多年積攢下來的，你們如果喜歡的話，就拿去吧！」

學生們見一件愛一件，抓起來就往口袋裏裝。可是，在回家的路上他們才發現，裝滿寶貝的口袋是那麼沉重，沒走多遠，他們便氣喘吁吁，兩腿發軟，腳步再也無法挪動。蘇格拉底又開口了：「孩子們，還是丟掉一些寶貝吧，後面的路還很長呢！」「驕傲」被丟掉了，「痛苦」被丟掉了，「煩惱」也被丟掉了……口袋的重量雖然減輕了不少，但學生們還是感到很沉重，雙腿依然像灌了鉛似的。

「孩子們，把你們的口袋再翻一翻，看看還有什麼可以扔掉的。」蘇格拉底再次勸他的學生們。學生們終於把最沉重的「名」和「利」也翻出來扔掉了，口袋裏只剩下了「謙遜」、

「正直」和「快樂」。一下子，他們有一種說不出的輕鬆和快樂。

一個人所需要的其實很有限，許多附加的東西只是徒增無謂的負擔而已，人們需要做的是發自內心地愛自己。曾有這樣一個比喻：「我們所累積的東西，就好像是阿米巴變形蟲分裂的過程一樣，不停地製造、繁殖，從不曾間斷過。」而那些不斷膨脹的物品、工作、責任、人際、家務佔據了你們全部的空間和時間，許多人每天忙著應付這些事情，早已喘不過氣來，甚至連吃飯、喝水、睡覺的時間都沒有，也沒有足夠的空間活動。

然而，生命有時也是需要許多慾望來扶持的，生活本身就是這樣一個接一個的永無休止的慾望。一個只求能夠賺錢養家糊口的人最後會發現，他其實還想要更多的東西，於是這又成了新的生活目標，直到他的這一慾望得到滿足為止。但是滿足之後又會有新的欲求，於是只好這樣無休止地走下去。

這並不是說生活中充滿挫折，因為這些慾望通常都會得到滿足，而是說生活就是永無休止的慾望，人不可能獲得最終的滿足。正是這些慾望和慾望的滿足賦予生活意義，使生命得以延續和發展。

路西法效應：好人是如何變成惡魔

史丹佛大學是一所幾乎可以與哈佛齊名的世界一流學府。但是你知道史丹佛大學是怎麼來的嗎？今天的史丹佛人要感謝哈佛大學的一位傲慢的校長。當年史丹佛夫婦為紀念曾經在哈佛讀過一年書的已去世的兒子，打算為哈佛捐資建一棟大樓，因為遭到哈佛校長的傲慢對待，他們夫妻改變想法自己建了史丹佛大學。

傲慢是七宗罪之一，是七大魔王之一路西法的職位，在《失樂園》中曾經有過這樣的描述：神在創造亞當後由米迦勒帶領到第十至高天，並將天界其餘九天的天使全部召集，宣佈封亞當為彌賽亞，要眾天使對這位彌賽亞膜拜。

但是，路西法斷然拒絕了向彌賽亞參拜。當時，路西法立在第九原動天的最前面，他是最初的天使，擁有「光耀晨星」、「神之右翼」、「天國副君」、「萬物的創造者」、「上帝身邊最偉大的天使」等一系列稱號，路西法認為：「為何要逼我參拜他呢？我絕對不會參拜如此卑劣且比我晚出現的東西。在他形成之前，我就已經存在了，他應該參拜我才對。」

路西法因為拒絕臣服於彌賽亞，率天眾三分之一的天使於天界北境舉起反旗。經過三天的天界劇戰，路西法的叛軍被彌賽亞擊潰，並被打入永劫的無底洞中，其他所有跟隨他的天使則都蛻變成醜惡的形象。

可以說，傲慢是路西法由天使變為魔鬼的根本原因。傲慢源於虛榮心，為了滿足自己的虛榮心，傲慢的人會不遺餘力地向他人展示自己過去所取得的成就。

我們要記住這一點：你將要做的事，比你已經做了的事要重要得多。過去的價值，就是在於它能幫助你瞭解將來做什麼。如果你總是向別人展示過去的成就，他們之所以會表示關心，或是對你表示同情，或是想從你的經歷中得到一些經驗。除此之外，他們不大會關心你所做的事。如果你總是談論你的成就，他們不但不覺得有趣，反而覺得很討厭。

驕傲、狂妄自大只會阻礙我們追求智慧的生活，這是一個不可改變的事實。頭腦清醒和妄自尊大是不可能共存的。那些狂妄自大的人，總是用驕傲與狂妄來掩飾自己的怯懦與平庸；而頭腦清醒的人總是能看清現實，放下驕傲自大的念頭。

《傲慢與偏見》是英國女作家簡·奧斯丁的代表作，作品中的女主人伊莉莎白出身於一個小地主家庭，為富豪子弟達西所愛。達西不顧門第和財富的差距，向她求婚，卻遭到拒絕。伊莉莎白對他的誤會和偏見是一個原因，但主要是她討厭他的傲慢。因為達西的這種傲慢實際上是地位差異的反映，只要存在這種傲慢，他與伊莉莎白之間就不可能有共同的思想感情，也不可能有理想的婚姻。後來，伊莉莎白親眼觀察了達西的為人處世和一系列所作所為，特別是看到他改變了過去那種驕傲自負的神態，消除了對他的誤會和偏見，從而與他締結了美滿姻緣。

傲慢只會使你周圍的人疏遠你，因為沒有一個人能忍受身旁有一個愚蠢傲慢的人。傲慢也會使你自鳴得意，甚至拒絕所有的有益身心的改變。你的生活不會有益的改變，你也不會得到一切的新奇與快樂。

傲慢的人之所以平庸，是因為他們在面對新鮮的事物時，缺乏嘗試的勇氣，因為他們害怕自己顯得無能。然而，當某事完成時，他們只會拿它去當做支持他們以前的觀點與結論的材料。智慧的人之所以明智，是因為他們總是有完成任務的勇氣，不會害怕事情做得不好，他們更看重的是自我的能力提升，而不是結果如何。

那麼，當我們實現了那些本來很難實現的有價值的目標時，我們就不應該驕傲了嗎？

我們可以為我們的成就感到滿足，但是那並不等於驕傲自大。滿足和驕傲自大並不是一回事，驕傲自大的人總是只關注自己，對他人的情感或事情卻總是缺乏興趣。

赫拉的猜疑：人們是否應相互信任

在古希臘神話中，赫拉是宙斯的最後一位妻子也是被譽為天后的唯一的妻子，她忠於愛情和家庭，可卻是「疑嫉之妻」的化身。因為宙斯經常背著她與凡人或半神的女人濫施愛情，她變得異常多疑，很多時候，只是因為猜疑而屠殺了眾多無辜的生靈。

人的心裏因傳聞、流言而產生的猜疑，好像一根毒刺，對他人不利又傷害自己。猜疑與生俱來就帶著陰暗的本質，在某些時刻潛伏在思想的某個角落，又冷不防地以洶湧的氣勢將人的主觀意識吞噬，讓人們失去自控的理性，直至滑向人性陰暗的深淵。

猜疑之心是人際交往中的洪水猛獸，它可以令人迷惑，亂人心智，甚至有時使人辨不清敵與友的面孔，混淆了是與非的界線，使人們的家庭和事業遭受損害和失敗。

猜疑是一種病態心理。猜疑能使君王實施暴政，使丈夫心懷妒忌，使智者寡斷。即使是那些天生勇敢的人，也會產生猜疑的心理。但天生勇敢的人不會貿然猜疑，他們總是要調查其是否可能。因此，猜疑對他們的禍害不大。

但在天性膽怯的人那裏，猜疑總是滋生很快。對於那些疑心重的人，無不是對事情想多瞭解一些卻瞭解不多的人。因此，要釋疑就應該對事情多一些瞭解，不要把猜疑放在心裏隱藏起來。

生活在相互懷疑的氛圍中，這種壓抑簡直會令人窒息。然而，一旦穿越猜疑的迷霧，便能體會到前所未有的信任感。

信任是一場賭博，但只有通過一種認賭服輸的胸懷，才能真正生活與工作。我們也發現：世間最可恥的事情之一，就是播種與散佈猜疑。人們應盡一切可能加強並推進相互之間的信任感。

西默爾的《愛情是最後一座橋》中，愛之橋的構建就是建立在信任的基礎之上的。故事中描述了發生在克洛德和菲力浦、賽爾日之間的一段奇妙、淒婉的愛情，他們三人都有過不幸的童年，在性愛經歷上都有痛苦的遭遇，這些使得他們之間有了更多的相互理解、同情、信任，三個人度過了一段和平相處的日子。塞爾日曾一度因不堪忍受菲力浦和克洛德的親密無間而出走，但歷經艱辛後終於又回到他們身邊。

塞爾日說：「讓我們在一起互相關愛，每個人都以適當的方式去愛別人！我會盡一切努力，讓我的愛適合你們——也適合我自己，不帶錯誤的感受，不帶任何麻煩……」

作者描繪的顯然是一種帶理想化色彩的愛情生活，同時將這種美好的愛情置於恐怖主義的背景下來描寫。

菲力浦任職的環球高科技財團戴爾菲公司接受了巨額訂單，開發一種電腦程式。該程式可以在用病毒實施襲擊後將有關程式片段全部自動抹去而不留任何痕跡。菲力浦作為公司的高級設計人員對此一無所知，他始終以為戴爾菲和全世界的其他企業正致力於開發一種可以防範任何一種病毒的完美的保護程式。在實驗的關鍵時刻，公司以他兒子屢屢犯罪有礙安全為由，將他派往日內瓦講學。

在此期間，為了檢驗研究成果，戴爾菲的專家製造了一系列電腦病毒導致的犯罪事故，包括毒氣洩漏、飛機相撞等，從而造成了大量的人員傷亡。每次事故發生以後，他們便把菲力浦召回承擔搜尋病毒的任務。

在好友馬克斯・梅勒和兒子、兒媳的幫助下，菲力浦最後認清了公司的陰謀，掌握了公司的犯罪證據，並決定向警方報案，最終拯救了全人類。

最後，這座愛之橋得以傳遞與延伸，這座以信任為基石的愛之橋不僅僅限於愛情、親情、友情，而且帶有普遍的抽象的人類之愛的意味。

人總是盡最大努力回報別人的信任，或許這就是信任的奇妙之處。哈佛大學曾經進行了一場行為心理學實驗：一組學生匿名向另一組學生付一定數量的錢，他們有三種付款模式可以選擇：一種明確表明不還錢會受懲罰，一種暗示不還錢會受懲罰，一種則沒有任何表示。實驗的結果是：選擇了第三種付款模式的學生，收回的錢反而最多。這是因為第三種付款模式沒有任何制約措施，表現出了對別人最大程度的信任。

一個社會要想持續發展，必須有個前提條件：社會中的每個成員都歸屬於某個團體，在這個小團體內，大家必須具有一種對彼此的道德義務和相互信賴感。

天使與惡魔的廝殺：向善抑或向惡

你是否想過變成另外一個人？你是否曾看著你所認識的某個人想：「他想幹什麼就幹什麼，怎麼我就不行？」於是，你想要變成另外一個人，因為變成另一個人是一件很刺激的事情。

這些想法對有的人來說是很危險的，尤其對傑基爾博士就是這樣，因為他是個聰明絕頂的科學家，他找到了一種把幻想變成現實的方法。

傑基爾醫生是一個家財萬貫、道貌岸然的大善人，因抵擋不了潛藏在天性中邪惡、狂野因數的慫恿，發明了一種藥水，可以將平時被壓抑在虛偽表像下的心性，毫無保留地展露出來；同時隨著人格心性的轉變，身材樣貌也會隨之改變。因此，原本一個社會公眾認為行善不遺餘力的溫文儒雅之士，一旦喝下藥水，即轉身一變，成為邪惡、毫無人性且人人憎惡的卑鄙男子——海德；一個是善的代表，另一個則是惡魔的化身。

傑基爾醫生沒有勇氣面對自己的陰暗面，漸漸對藥水產生了依賴。當海德完全失控後，就開始欺凌像虛弱無力的老人和無辜的小孩這樣的弱者。傑基爾既害怕失去他在眾人面前的威望，又為自己人格的另一面感到無地自容。這個一度和藹可親、才華橫溢的善人淪為了自己壓抑人格的犧牲品。最終，傑基爾醫生用死亡來解脫了他在分裂人格中的痛苦掙扎。

這位傑基爾醫生是羅伯特·路易士·史蒂文生的小說《化身博士》中的主角，傑基爾的案例不僅向人們展現了一場善與惡、好與壞之間的鬥爭，還體現了人性被壓抑後的復仇心理。

大多數人都有兩面性。人的意識不是唯一的或一成不變的，而是動態的、多重的、矛盾的、易變的和脆弱的。當我們每天保持清醒，關注周圍及內心的變化時，我們首先意識到的是自己善的一面，並盡可能地使其支配自己的生活。接著，我們成為內心衝突、野心、猶豫或彷徨等錯綜複雜心理的載體，這往往有悖於我們美好的願望，有時歪曲了善意，還會在我們措手不及時突然爆發。這就是人性的全貌。

在每一個人的內心都有這樣兩個相對立力量的爭鬥，即善和惡。善是理性的、正義的，代表著美好、光明；惡是感性的、羞恥的，代表著醜惡、陰暗。人性中光明與陰暗兩面的鬥爭，最終讓我們面臨進退兩難的境地。這兩股截然相反的力量在我們身上相互交織和滲透，無論我們用怎樣的方法，也無法剔除其中任何一個。但是，如果我們能夠瞭解這兩種力量，並允許它

們按照一定的規則運作，就可以讓這兩股力量停止爭鬥，避免兩敗俱傷。

當然，人們可以通過壓抑和隱匿去淡化陰暗的一面，但它始終存在。如果某些東西被長久地壓抑在內心深處，到了無法承受的程度就會徹底爆發出來。若是把壓抑的情感和自我否定的想法比做精神上的岩漿，這時，假設地表又沒有釋放地下壓力的出口，那麼，岩漿只能通過火山爆發的形式來緩解壓力。

同樣，人們內心黑暗的衝動和渴望也在不斷累積，如果找不到健康、安全的方法來排解，它們會在意料不到的時刻，像岩漿一樣噴發而出。

每個人心中都有善和惡這樣兩股力量在鬥爭，這場戰爭一直都存在。一方面每股力量都想戰勝對方，另一方面雙方都試圖妥協。那股光明的力量提升我們的價值，激發我們把獨特的才能貢獻出來，而另一股黑暗力量卻拖住我們的後腿，依靠我們最原始、最自私的衝動為生。善和惡這兩股力量就這樣相互鬥爭，試圖控制我們的思想和生活。那到底誰會贏得這場戰爭呢？

中國的孟子在兩千多年前就提出「人性向善論」。人是具有善、惡兩面性的，向善還是向惡，完全在於你自己的選擇與把握。

第三課　上帝・人・動物：重估一切價值

哲學史大致可以劃分為三個時期：古希臘羅馬時期、中世紀時期、文藝復興及以後時期。古希臘羅馬時期是哲學的發源時期，討論的問題集中在本體論、倫理學、政治學階段，人作為獨立個體而存在；中世紀時期是哲學的灰暗時期，哲學完全被神學壓制，個人的存在完全被上帝的存在所掩蓋；文藝復興使人們重新發現了人，重新定位了人的存在和價值，使人的意義被高度凸顯出來，人的高貴在這一時期被認為超過了動物和天使。

曾在哈佛大學讀書的比爾・蓋茲告訴我們：懂得分享是一種聰明的生存之道。當我們摒棄自私的行為，為別人付出的時候，從某種程度上來說就是幫助了自己。因為在這個崇尚合作的世界上，沒有一個人能擔當全部，一個人價值的體現往往就維繫在與別人互助的基礎之上。許多時候，與人分享自己所擁有的，我們才能找到自己的位置和方向，也才能使自己的價值最大化。

上帝與人，你會聽誰的

有一天，上帝創造了三個人。他問第一個人：「到了人世間你準備怎樣度過自己的一生？」第一個人想了想，回答說：「我要充分地利用生命去創造。」

上帝又問第二個人：「到了人世間，你準備怎樣度過你的一生？」第二個人想了想，回答說：「我要充分利用生命去享受。」

上帝又問第三個人：「到了人世間，你準備怎樣度過你的一生？」第三個人想了想，回答說：「我既要創造人生又要享受人生。」

上帝給第一個人打了五十分，給第二個人打了五十分，給第三個人打了一百分，他認為第三個人才是最完美的人，甚至決定多「生產」一些第三個這樣的人。

第一個人來到人世間，表現出了不平常的奉獻感和拯救感，他為許許多多的人作出了許許多多的貢獻。對自己幫助過的人，他也從無所求。他為真理而奮鬥，屢遭誤解也毫無怨言。慢慢的，他成了德高望重的人，他的善行被人廣為傳頌，他的名字被人們默默記在心裏。他離開人間時，所有人都依依不捨，從四面八方趕來為他送行。直至若干年後，他還被人們深深懷念著。

第二個人來到人世間，表現出了不平常的佔有欲和破壞欲。為了達到目的，他不擇手段，甚至無惡不作。慢慢的，他擁有了無數的財富，生活奢華，一擲千金，妻妾成群。後來，他因作惡太多而受到了應有的懲罰。正義之劍把他驅逐人間的時候，他得到的是鄙視和唾罵。若干年後，他還一直被人們深深痛恨著。

第三個人來到人世間，沒有任何不平常的表現，他建立了自己的家庭，過著忙碌而充實的生活。若干年後，沒有人記得他曾存在過。

人類為第一個人打了一百分，為第二個人打了零分，為第三個人打了五十分，而這個分數才是他們的最終得分。

上帝的打分和人類的打分存在著如此大的差別，是上帝的失誤，還是人類的無知？如果真有上帝，不知他本人會如何看待這截然不同的結果，而人類自始至終都在按照自己的想法在繼續，所有的一切都在延續……

實際上，上帝創造的這三種人分別是我們生活中三種人的代表：第一種人代表偉人，為人類創造了諸多的財富，並贏得了世人的敬仰；第二種人代表惡人，不但沒有為人類作出貢獻，還為人類帶來危害和破壞，因此受到世人的咒　與唾棄；第三種人代表我們生活中的平常人，一生都在為自己、親人、家庭去賺錢謀生，忙忙碌碌地拼搏了一生，雖然也為人類作出了一定貢獻，但是很快被歷史遺忘。我們生活中的大多數人都是第三種人，相信這也是上帝之所以多創造第三種人的原因所在吧。如果沒有這多數的第三種人，又如何能對比出少數的偉人和惡人呢？

創造是衡量一個人的生活質量的標準，也是人類精神生活的特徵。所謂創造，未必是指發明某種新的技術，也未必是指從事藝術的創作，這些僅是創造的若干具體形態罷了。

人和動物的區別就在於人不能滿足於動物式的生存，而要追求高出生存的價值，由此展開了人的精神生活——創造。大自然所賦予人的只是生存的能力，因而，人所從事的超出生存以上的活動都給大自然增添了新意，無不具有創造的性質。正是在創造中，人用行動實現了對真、善、美的追求，把自己內心所珍愛的價值變成可以看見和感覺得到的物件。

決定一種活動是否具有創造性的關鍵在於是否憑藉自己的真性情去做事。一個畫家畫出一幅毫無靈感的畫，一個詩人寫出一首人云亦云的詩，一個音樂家彈奏了一曲毫無情調的曲，這是不能稱為「創造」的。相反，如果你真正陶醉於一片風景、一首詩、一段樂曲的美，如果你對某個問題形成了你的獨特的見解，那麼這時的你才是在真正創造。

一棵樹不會太關心它結的果實，只是在它生命液汁的歡樂流溢中自然生長。真正的創造也是不計較結果的，它是一個人的內在力量的自然而然的實現，創造本身即是享受。只要你的心靈是活潑的、敏銳的，只要你聽從心靈的吩咐，去做能真正使心靈快樂的事，那麼，不論事情的結果如何，也不論社會對你的成績怎樣評價，你都已經創造了一個有意義的人生。

一個人只是單純為謀生或賺錢而從事的活動都屬於勞作，而出於自己的真興趣和真性情從事的活動則是屬於創造的。勞作只能為我們帶來外在的利益，只有創造才能使我們獲得心靈的愉悅。但外在的利益往往是一種很實在的誘惑，會誘使人們無休止地勞作，以至於讓大多數人一輩子都體會不到創造的樂趣。

尼采精神三變：重構人生價值

談論到尼采，人們一定會有這樣的議論：「尼采，那是個瘋子！」但尼采是一個偉大的人，無論是喜歡他的還是不喜歡他的人，都毫無疑問地應當承認他的偉大。簡單地翻閱西方近代哲學思想的歷史，尼采的影響顯而易見。他的勇敢、自信、聰慧甚至墮落，給西方現代哲學畫上了一個極其清晰的起點。後期的實證主義、實用主義、現象學、存在主義甚至佛洛德的精神分析等都受到尼采極其深刻的影響。

尼采經常會指責傳統價值的虛偽、病態和墮落，認為傳統價值削弱了「強力意志」，必須以新的、健康的、剛健的價值標準取代它，而且認為生命本身就是價值標準。尼采的哲學觀最重要的一點是哲學的使命就是要關注人生，給生命一種解釋，給生命的意義一種解釋，探討生命的意義問題。同時，他認為生命的意義便在於從駱駝到獅子到嬰兒的「三變」。

尼采以駱駝、獅子和嬰兒喻人生精神階段三境界。這是因為駱駝能吃苦負重，任勞任怨；獅子兇猛頑強，毫無懼怕；嬰兒純潔善忘，天天成長。尼采的精神三變是指：一變為駱駝；二變為獅子；三變為嬰兒。

駱駝有「沙漠之舟」的稱號，能負重，忍受考驗，毅然決然地向前走去。人在年輕的時候，都會像隻駱駝一樣，接受父母師長的教導與指示，走上能成為聖賢的艱辛路。具體說來，就是聽從父母師長對你說，「你應該如何，你應該如何！」這時，他們只是被動地接受命令，認真地奉行別人的指示。父母師長這樣做的目的是害怕孩子走錯路、走彎路，而這些孩子也確實是在做人生中的「駱駝」，可是這樣是否能夠真正保障他們將來成為「獅子」呢？這是一個值得深思的問題。

駱駝要承受巨大的負荷，凡事聽從他人指揮，所以，一個人要想從被動變為主動駱駝必須蛻變為獅子。獅子有「森林之王」的稱號，抱有大無畏的精神，具有強勁的生命力與開創的勇氣。獅子的比喻，是說任何環境都無法阻礙它的前進與發展。和駱駝相比，獅子的象徵是：你對自己說「我要如何，我要如何」，這顯然是被動轉變為主動了，而人生成敗的關鍵往往就在於從被動到主動。人若不能從「駱駝」變為「獅子」，則一生只不過是隨人俯仰。

舉例來說，孩子在面對選報哈佛大學還是耶魯大學時，有些家長擔心孩子不能夠慎重考慮，就代替孩子做出選擇，那麼，將來就有可能遭到孩子的抱怨，即使家長的選擇是正確的，孩子也有可能因為這不是自己的選擇而抱憾終生。明智的家長是不會代替孩子去做決定的，而是給他們自由選擇的權利，因為這時的孩子已經具備獨立思考、獨立處事的能力，遇事完全可以自己做主。這樣，孩子會在自我選擇過程中建立起自我意識和責任意識，在做出抉擇的那一刻他會感覺到自己真正長大了，進而向成熟邁進。

三變為嬰兒。嬰兒代表新生命的開始，也是一切可能性的開始。當嬰兒降生下來的時候，父母會對其給予無限的期望，他們夢想著自己的孩子可以實現自己這一生都無法實現的宏願。孩子的成長給父母的人生增添了絢麗多姿的色彩，但是，孩子的成長過程也是父母希望幻滅的過程，每個孩子都會讓父母或多或少地感覺到失望，就像父母曾經也讓他們的父母失望過一樣，這就是人類亙古不變的循環過程。

嬰兒的境界並不是說他無知、幼稚，而是代表重新回歸原點，可以重新出發。這時，他能夠安於眼前的處境，踏踏實實地過好每一天。當一個人抵達到嬰兒階段的時候，他就不會再遭遇前面所列舉的一系列問題了。

忒修斯之船：什麼使你成為你

世界是不斷變化的，但是人需要尋求一種確定感。我們都想知道自己為什麼是自己，我什麼時候成為我的。也許你會覺得奇怪，我不本來就是「我」嗎？難道兩歲的我和八十八歲的我就不是一個人了嗎？事實上，有人確實對此提出過疑問。

忒修斯是傳說中的雅典國王。他的事蹟主要有：懲治過很多難以對付的強盜；解開米諾斯的迷宮，並戰勝了米諾陶諾斯；和希波呂忒結婚；劫持海倫，試圖劫持冥王普魯托的妻子珀耳塞福涅——因此被扣留在冥界，後來被海格力斯救出。

據古希臘神話記載，大英雄忒修斯殺死克里特島的米諾陶諾斯之後，他的戰船每年都要開往提洛島做一次致意之旅。隨著時間的流逝，船桁紛紛腐壞潰爛，於是漸次被換成新板，到最後原先船上的木板都已不復存在。看起來此船仍舊是忒修斯所擁有的那一條，但我們也許會感到疑惑：現在它還是「同一」條船嗎？

鑒於該船生命的各個階段之間存在連續性，我們可以肯定它的確是當初起航前往克里特島那一條。然而，假使現在人們將已拋棄的木板收集起來，就能造出一條一模一樣的戰船。如此便會有兩艘戰船宣稱自己是「忒修斯之船」，而令人困擾的是，我們無力做出裁決，儘管我們似乎對兩位候選者都瞭若指掌。

忒修斯之船是一個著名的思想實驗，它實際上可能並不存在，然而這個實驗本身卻具有特別的意義。對於哲學家，忒修斯之船被用來研究身份的本質，特別是討論一個物體是否僅僅等於其組成部件之和。一個更現代的例子就是一個不斷發展的樂隊，直到某一階段樂隊成員中沒有任何一個原始成員。

這個問題可以應用於各個領域，如對於企業來說，在不斷併購和更換東家後仍然保持原來的名字；對於人體來說，人體不間斷地進行著新陳代謝和自我修復。這個實驗的核心思想在於強迫人們去反思身份僅僅局限在實際物體和現象中這一常識。

量子力學裏有一個「全同原理」，說的是同類的粒子之間本質上是不可區分的。兩個氫原子之間沒有性質的區別，如你用這個氫原子代替水分子中的那個氫原子，這個水分子的性質沒有任何改變。

那麼，問題就來了：我們的身體都是由基本粒子構成的，而且從我們誕生那一天起，一刻不停地進行著新陳代謝，新陳代謝的速度遠比我們一般人想像的快得多。今天組成你身體的元素，與昨天有很大的不同，與幾年以前幾乎完全不同。那麼你還是原來的你嗎？

重新回到最初的問題：我什麼時候成為現在的「我」的？或者現在的我還是原來的我嗎？人一生會發生巨大變化，一個蹣跚學步的兩歲小孩兒與八八年後一位步履蹣跚的九十歲老者之間，在生理和心理上幾乎毫無共同之處，他們是同一個人嗎？如果是，又是什麼讓他們成為一個人呢？

這可不是無稽之談，因為他七十年前做的某件事而懲罰這位九十歲老者公正嗎？如果他不記得了呢？如果這位九十歲老人四十年前說自己到九十歲時就讓醫生把自己殺掉，現在他九十歲了，醫生應該那樣做嗎？

忒修斯之船可以引出很多思考，其中之一就是人的身份問題，數千年來一直令哲學家感到困惑。什麼使你成為你，這也許是個永遠都難以回答的問題。

教養：這樣能使人完全的蛻變

美國威斯康辛大學的心理學家哈洛和他的同事們對恒河猴做過一個實驗：在一個籠子中設置兩個「母親」：一個是用鐵絲做成的，胸前有一個可以提供奶水的裝置，有無限耐心，可以二十四小時提供奶水；一個是用絨布做成的，接觸時會感覺很柔軟、很溫暖。一開始，哈洛把一群恒河猴寶寶和兩個「母親」關在籠子裏，很快，令人驚訝的事情發生了。在幾天之內，猴寶寶把對猴媽媽的依戀轉向了用絨布做成的那個「母親」。由於絨布「母親」不能提供奶水，所以猴寶寶只在饑餓的時候才到鐵絲「母親」那裏喝幾口奶水，然後又跑回來緊緊抱住絨布「母親」。當把絨布「母親」拿走之後，猴子們表現得很焦躁。哈洛和他的同事證明了「接觸所帶來的安慰感」是愛最重要的元素。

人從出生到六歲時是完全依賴他人的，此後在正式成人之前還必須在某種程度上依賴他人的直接幫助。正是在這一段時間裏，人逐漸擺脫了「淘氣」獲得了「教養」，逐漸地掌握了基本的生存能力、學習能力以及社交技能等。

人類的生存技能和科學知識都是在社會生活過程中通過學習慢慢積累起來的。在嬰兒的成長過程中，與母親的互動對嬰兒的成長有著十分重要的作用。母親和嬰兒的互動（比如懷抱和親吻）不僅滿足了有機體生長發育的需求，也會影響到孩子的情感。一項對比試驗表明，經常接受母親撫摸的嬰兒神經系統發育得快，比其他嬰兒更活躍，體重增加的速度也會比那些不受撫摸的嬰兒快出四十七％。如果最親近的人長期不能在親密距離中相處，會導致情感缺失，甚至會讓嬰兒在生理上出現不良反應。

心理學家施皮茲比較了兩組孩子：

一組是在監獄托兒所中受到自己母親照顧的孩子；另一組是在孤兒院中由稱職的保姆看護而沒有得到自己母親的細心照料的孩子。雖然孤兒院的孩子剛入院後在身體素質、發育和智力指標上要高得多；但是不到四個月，這些指標就開始下降，他們不會說話，不會自己進食，也沒有清潔的習慣。監獄托兒所的嬰兒卻在健康成長，因為他們在生命的頭十二個月裏與其母親有著密切的感情交流。

對兒童安全的巨大威脅則是與母親分離所造成的創傷。嬰兒和幼童應該與母親（或是長期充當母親的人）有個溫暖、親密和連續的關係，嬰兒和母親雙方在這關係中都能得到滿足和愉快；這對於人格的健康發展是必不可少的。約翰・鮑爾貝說：「生命的頭三年中長期的分離（指母子關係）對孩子的人格起著特有的影響。在臨床上，這類孩子感情淡薄，十分孤僻。他們不能開展與其他孩子和成人間的正常聯繫，從而得不到名副其實的友誼。」

從嬰兒成長為成人有一個漫長的過程，嬰兒只有一些簡單的情緒和表情，隨著時間的推移，嬰兒慢慢地成長，他開始能區分自己的父母親，隨後能對母親的微笑和表情做出回應，直到學會走路、學習。他一路在與父母親的互動交流和周圍人的模仿學習下慢慢長大，成長為一個真正意義上的人。

第三篇 倫理：為什麼好人想做壞事

第一課　善與惡的困惑：什麼是對的

佛教講究善惡輪迴，因果報應。其實，在現實生活中，這種所謂的「因果報應」只不過是心存感激的受惠者對施惠者的一種報償而已。對他人施與善行，往往能收穫別人更加豐厚的回報。明智的父母應懂得讓孩子奉獻自己的愛心，幫助別人。因為幫助別人，就是幫助自己。

我們為別人付出的時候，本身就體驗到了生命的快樂和富足。善良的回報在哪兒都是相通的。正如哈佛教授珍妮・瑪蒂爾所說，人們每做一件好事的時候，都會在內心產生一種愉悅。

其實，這就是愛心和善舉給我們的回報，這種回報正是人生中最寶貴的東西。

道德的力量究竟有多大

帶「劍」的契約對於保證合作關係是有效的，但是在更多的情況下，我們根本找不到或者不值得用「劍」也就是法律來保證合作。那麼在這時，有沒有其他辦法來達到均衡呢？答案是肯定的。

有一群猴子被關在籠子裏，從籠子上方垂下一條繩子，繩子末端拴著一個香蕉，上端連著一個機關，機關可以開啟水源。猴子們發現了香蕉，紛紛跳上去拿這個香蕉，當猴子拿到香蕉時，相連的繩子帶動了機關，一盆水倒了下來，儘管拿到香蕉的猴子吃到了香蕉，但大多數猴子被淋濕了。

這個過程重複著，猴子們發現吃到香蕉的猴子是少數，而其餘的大多數猴子都被淋濕了。於是，每當有猴子要去取香蕉，其他的猴子就會主動地去撕咬那個猴子。久而久之，猴子們產生了默契，再也沒有猴子敢去取香蕉了。

在這裏，猴子間產生了「道德」。猴子們認為取香蕉的後果對其他猴子不利，因而取香蕉是「不道德的」，於是它們便會主動地懲罰「不道德的」猴子。

與法律一樣，道德也是對某些不合作行為的一種懲罰機制。這種機制的出現使得人類從囚徒困境中走出來。道德感自然地使人們對不道德的或不正義的行為譴責或者對不道德的人採取不合作，從而使得不道德的人遭受損失。

這樣，社會上不道德的行為就會受到抑制。因此只要社會形成了道德或不道德、正義或非正義的觀念，就自動對行為產生了調節作用。

但是在日常生活中，單純依靠對手的道德自律來達成合作是不保險的。霍布斯在《利維坦》中對人類在自然狀態中的人性描述是令人膽戰心驚、不寒而慄的，它是西方性惡論最為系統的體現，也是最為有力的表達。

顯而易見的是，當人們生活在一個沒有公共權力懾服他們的時期，他們就處在所謂的戰爭狀態中。

這種戰爭是每一人對其他人的戰爭，因為戰爭不僅存在於戰役或戰鬥行動當中，而且也存在於用戰爭進行爭奪的意圖普遍被人們所信奉的一段時期之中。

因此，戰爭的性質就必須要考慮到時間的概念，就像考慮到天氣的性質一樣，因為正如惡劣天氣的性質不在於一兩陣暴雨，而在於一連許多天下雨的傾向一樣：戰爭的性質不在於實際的戰鬥，而在於整個沒有任何保障的戰爭時期的那種人所共知的戰爭意圖……這種人人相互為敵的戰爭狀態還會產生一種結果，那就是沒有任何事情會是不公正的。正確和錯誤、正義和不正義的概念在這裏根本就不存在。沒有公共權力的地方就沒有法律：沒有法律的地方也就沒有不正義。暴力和欺騙是戰爭中的兩種主要美德。

從霍布斯所代表的性惡論來看，人與人之間的關係是相互敵對的，每一個人與每一個人之間的關係都是對立的、對抗的。正因為受到這一思維的影響，人性本惡影響了西方幾千年之久，直到今天，西方的政治和社會設計中，人性邪惡依然是一個潛在的前提和基礎。

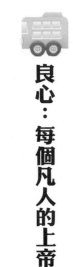

良心：每個凡人的上帝

在人的內心世界有這樣一對永恆伴侶：天使與魔鬼。天使與魔鬼總是如影隨形，它們之間的廝殺與搏鬥是永無休止的，而且務必要搏出勝敗輸贏，勝利者將會成為人性的主管者，失敗者必將退居幕後，重整旗鼓。正是有了天使與魔鬼的爭鬥，才得以劃分出善與惡的界限。天使，即指一個人的「良心」；魔鬼，即指一個人的惡意。良心的力量是很奇妙的，它使我們背叛，使我們控訴，使我們戰鬥。在沒有外界證人的情況下，良心會追逐我們、反對我們。正如尤維納利斯所說：「良心就像用一根無形的鞭子在隨時隨地抽打我們，充當我們的劊子手。」

陀思妥耶夫斯基在長篇小說《罪與罰》中就描寫了一個關於罪惡與懲罰的故事：在彼得堡貧民區一座公寓的五層樓斗室裏，住著一個窮大學生拉斯柯爾尼科夫。他原在法律系就學，因交不起學費而被迫輟學，現在靠母親和妹妹從拮据的生活費中節省下來的錢維持生活。他已經很久沒有交房租了，近來，房東太太不僅停止供給他伙食，而且催租甚緊。迫於生活的壓力，拉斯柯爾尼科夫殺死了房東太太。此時，房東太太的異母妹妹外出返回，拉斯柯爾尼科夫在慌亂中又殺死了她。

拉斯柯爾尼科夫殺人後，因內心處於痛苦的矛盾衝突中而無法擺脫內心的恐懼，他感到自己原先的一切美好感情都隨之泯滅了，這是比法律懲罰更嚴厲的良心懲罰。所以他懷著痛苦的心情來到索尼婭處，受到索尼婭宗教思想的感召，向她說出了犯罪的真相與動機。在索尼婭的勸說下，他向警方投案自首。

拉斯柯爾尼科夫被判處八年苦役，來到了西伯利亞。不久，索尼婭也到了那裏。一天清晨，兩人在河邊相遇。他們決心虔誠地信仰上帝，以懺悔的心情承受一切苦難，獲取精神上的新生。

罰是良心對人的真正的譴責，儘管拉斯柯爾尼科夫殺人的一個動機是生活所迫，但依然無法逃脫良心的譴責。良知讓拉斯柯爾尼科夫重新皈依上帝，完成了從罪到罰到救贖的全過程。

自然界存在著對立規律，如斑蝥身上分泌一種自身毒液的解毒素。人類社會同樣如此，即使人在作惡時感到樂趣，良心上卻會適得其反，產生一種憎惡感，引起許多痛苦和聯想，不論睡時醒時都在折磨著自己。

伊壁鳩魯說：「壞人無處藏身，因為他們躲在哪兒都不安寧，良心會暴露他們。」良心可使我們恐懼，也可使我們堅定和自信。一個人能在自己的人生道路上經過許多險阻而步伐始終不亂，就是因為對自己的意圖深有瞭解，自己的計畫光明正大。

有一次，西庇阿在羅馬人民面前被指控犯了一樁大罪，他不但不要求寬恕或向法官求情，而且還對他們說：「好啊，你們還不是靠了我才有權審判每個人，如今竟要起我的腦袋來了。」

又有一次，人民法庭起訴西庇阿，他卻絕不聲辯，只是侃侃而談：「來吧，我的公民們，去向神祇拜謝，也是在今天這樣的日子，讓我戰勝了迦太基人。」說完，他便大步向神廟走去，只見所有人都跟在他後面，其中包括他的起訴人。

還有一次，人民法庭應加圖的要求，傳訊西庇阿，要他對安蒂奧克省的一切開支作彙報。西庇阿為此事來到元老院，從袍子下抽出帳冊，說這本帳冊把一切收支原原本本記了下來，但是他沒有同意把它轉交給法院檔案室保存，說他不願意自取其辱，然後在元老院當著眾人的面親手把帳冊撕成了碎片。

西庇阿在面對眾人的指責與批判時仍能保持鎮定，堅持己見，最大的原因在於他對自己所做的事情無愧於良心。良心，是人的道德情感的試金石。人活著，無論遭遇多大的磨難和挫折，都並不可怕，最可怕的是良心遭到譴責。一個人做了錯事、壞事，或許可以逃過別人的眼睛，甚至能夠逃過法律的制裁，但是唯一逃不過的是良心對自己心靈的譴責。

當今社會中，人們對於財富的追求往往達到癲狂的地步，人的生命為財富所劫持，而其他的一切則成為了附屬，生命在社會的進步中被異化。然而良心不是兒戲，誰能使一個人開脫掉自己良心的責備呢？良心是每個凡人的上帝，是性善的一種表現。

政治與道德是兩種截然不同的遊戲

一五二七年六月二十一日，馬基雅維利在臨終時給陪在身邊的朋友講述了一個他做過的夢，在夢裏，他看見一夥衣衫襤褸、形容邋遢的人。他問他們是些什麼人。他們回答說：「我們是品德高尚、受到祝福的人，正在去往天堂的路上。」

不久，他又看到一群服飾端莊、形貌高貴肅穆的人，在嚴肅地談論一些重大的政治問題。這些人中，有他認識的幾個偉大的哲學家和史學家，如柏拉圖、普魯塔克、塔西陀等。他又問他們是些什麼人，正往哪兒去。他們回答說：「我們是被詛咒下地獄的人。」

講完這個夢後，馬基雅維利說：「我更樂於待在地獄裏，在那裏可以跟古代世界的那些偉人討論政治。我可不喜歡待在天堂裏，在那群受到祝福而品德高尚的人中間簡直是煎熬。」

這個夢就是著名的「馬基雅維利之夢」。

在馬基雅維利的夢裏，那些以立功或立言的方式創建過、英明地統治和革新過共和國的偉人，並沒有獲得在宇宙中的哪個光明的地方享受永恆幸福的獎賞，而是被罰入地獄，因為他們在成就一番使自己變得不朽的事業時，已經違反了基督教的道德標準。

馬基雅維利是義大利著名的政治思想家、外交家和歷史學家，也是一位深受文藝復興影響的法學思想家。馬基雅維利認為，政治就其實質而言是一種爭權奪利的鬥爭，是與道德無涉的。政治的統治手段和措施應該同宗教、道德和社會影響完全區別開來，除非它們能夠直接影響到政治決策。一項決策是否過於殘忍、失信或不合法，在他看來是無足輕重的。

道德關乎個體，政治關乎集體或者國家，政治和道德其實是個體和群體之間的關係。道德依靠人的自覺性，是不能強迫的，它只能對個人起作用，而且沒有後續的懲罰措施。而政治則不同，軟綿綿的道德根本不適合政治，政治必須是冷酷無情的，而且還要有強大的國家機器作保障，正如霍布斯所說：「不帶劍的契約不過是一紙空文。」

所以說，政治是屬於公共領域的，道德則是屬於私人領域的，二者間形成了一種通過與對方的對立來反襯自己的「鏡像」關係：一個人成為一個好的統治者往往意味著他必然被私人領域的標準定義為一個惡棍；而若將私人領域的行為準則運用於公共領域則不啻自取滅亡。他指出：運用力量和權術不必受道德的束縛。合乎道德時自然受人讚揚，但是，在政治上，無須問什麼是正當的，什麼是不正當只應問什麼是有益的，什麼是有害的。當合乎道德的事有害於國家利益和君主個人安全時，就不應去做。當不道德的事對國家和君主有利時，都應毫不猶豫地去做，不要有任何顧忌。

做人君的如欲保持地位，必須知道怎樣去行不義之事。政治應該和道德分開。如果把政治和道德比喻為遊戲，兩者的遊戲規則是大不相同的，如果在政治領域遵循道德的規則，或者在道德領域奉行政治的規則，是必然會遭到挫敗的。

政治和道德是兩個截然不同的遊戲，遵守著不同的規則。但是，它們在人類的文明進程中都扮演著極其重要的角色，而且缺一不可。如果人人都能實現自己的自由，而且不妨礙別人的自由，我們也許就不再需要政治。但是，這只是理想，每個人的「為所欲為」必然會波及和影響別人。這時候，政治就需要出面，讓人們建立起契約，而且要用強有力的國家機器保證人們都遵守契約，從而保證大多數人的自由。縱觀各國的政治發展史，那些只注重政治壓制的國家是多災多難的，因為往往哪裡有壓迫，哪裡就有反抗。反過來說，僅僅有道德也是不夠的，道德不僅僅是疲軟的，而且還會成為欺世盜名的工具。

政治把所有的人都想像成不守規矩的，認為人性是惡的，所以要靠強制手段；道德把每個人都想像成善的，認為人性是善的，每個人靠自我修養就能自律。歷史證明，政治與道德相輔才能相成，缺少任何一方面都不能在維持社會秩序和保障個人自由兩方面同時達到成功，正所謂，「文武之道，一張一弛」。

羞恥感往往可能誘導我們去做壞事

有一次哈佛東亞文學系的瑪麗蓮去燕京圖書館借書時遇到了研究中國歷史學的教授倉弼德，他們的聊天內容改變了她不自信的人生。倉弼德為她講了中國著名女作家三毛的故事：

三毛小時候是一個聰明活潑的小女孩。十二歲那年，她以優異的成績考取了臺北最好的女子中學——臺北省立第一女子中學。在初一時，三毛的學習成績還行，到了初二，她的數學成績一路下滑，幾次小考中她的最高分才得五十分，心裏也因此很自卑。

然而一向好強的三毛發現了一個考高分的竅門。她發現每次老師出小考題，都是從課本後面的習題中選出來的，於是每次臨考前都會背後面的習題。因為記憶力好，她能將那些習題背得滾瓜爛熟。這樣，一連六次小考，三毛都得了一百分。老師對此很懷疑，決定要單獨測試一下三毛。

一天，老師把三毛叫進辦公室，將一張準備好的數學卷子交給三毛，限她在十分鐘內完成。由於題目難度很大，三毛得了零分，老師對她很是不滿，於是，在全班同學面前，狠狠地羞辱了三毛一番。

這件事情讓三毛出了醜，她也沒有及時調整過來，於是開始翹課，當父母鼓勵她要正視現實，鼓起勇氣再去學校時，她堅決地說「不」，並且自此開始休學在家。

休學在家的日子裏，三毛仍然不能從這件事的陰影中走出來。當家裏人一起吃飯時，姐姐弟弟不免要說些學校的事，這令她極其痛苦，時常感到那件事情對她的壓力，仿佛能看到老師與同學們嘲笑的臉孔……

有害的羞恥感常常誘使我們做出壞事，如自毀成功、自損利益、侵害他人、沉迷遊戲及破壞人際關係等。親人、朋友、伴侶等周圍的人的負面評價會使我們產生羞恥感，會在我們心裏產生一定的迴響：我這樣做是錯誤的，我是不值得別人尊重和愛護的，我是個壞人。這些負面的資訊對我們的影響是潛移默化的。漸漸的，我們就會接受這樣的心理暗示，按照這樣的暗示去行事，久而久之，這些負面的資訊腐蝕了你的靈魂，你就真的變成了他人所謂的「壞人」了。

人們往往不願承認自己的羞恥感，而做壞事是人們發洩內心羞恥感的一種方式。有時候，我們無意中做了愧對自己的事情，潛意識的動機可能只是為了撫平上一事件引起的羞恥感。如果我們持續忽略或壓抑自己的羞恥感，它可能會以一種自我傷害的方式表現出來。換句話說，如果我們不去處理自己的羞恥感，它就會反過來「處理」我們。因此，慎重處理過去的創傷，從中汲取教訓並不斷成長，追求內心的完整健全，我們才不會因羞恥感而做出壞事。一旦對羞恥感的內在價值真正有所瞭解，我們就會明白它可以幫助我們瞭解自己深層的內心，治療我們的情感創傷，消除我們負面的心理活動。這是一個撫慰精神的過程，可以引導我們回歸靈魂最自然的本性。

健康的羞恥感可以幫助我們辨認行為是否為人接受，就好比內心的晴雨錶，它讓我們知道自己的行為是否忠於初衷。它又好比警鐘，當我們背離真實的自我，從陰暗面做出行動和選擇時，它就會適時地提醒我們。健康的羞恥感使我們產生某些情感和感覺，幫助我們辨別我們是否偏離了常規。

它就像內心的羅盤，盡力引導我們朝著自己最大的潛能邁進，並防止我們偏離軌道。如果我們能夠正確地面對自己的羞恥感，那麼，羞恥感就會成為我們的良師益友，指導我們不斷地完善自己。

第二課　教育的目的：如何讓人成為人

哈佛大學名譽教授懷特海主張教育應該是有用的，「要是教育沒有用，它算是什麼呢？它是藏著不用的才能嗎？當然，不管你生活的目的是什麼，教育總是應該有用的。教育過去對聖奧古斯丁是有用的，對拿破崙是有用的。它現在還是有用的，因為理解是有用的。」

哈佛對世人最重要的影響就體現在哈佛的教育理念上：以健康的人文環境為未來培養人才，使他們成為真正的人，成為可以推動社會健康發展的精英。堅定不移地突出人文教育，這是哈佛的傳統，也是百年哈佛教育理念的核心所在。

皮格馬利翁效應：期望中的意外效果

希臘神話中有這樣一個美麗的傳說：

賽普勒斯國王皮格馬利翁善雕刻。他不喜歡賽普勒斯的凡間女子，決定永不結婚。他用神奇的技藝雕刻了一座美麗的象牙少女像，並把全部的精力、全部的熱情、全部的愛戀都賦予了這座雕像。他像對待自己的妻子那樣撫愛她、裝扮她，為她起名加拉泰亞，並向神乞求讓她成為自己的妻子。愛神阿芙洛狄忒被他感動，賜予雕像生命，並讓他們結為夫妻。

後來，「皮格馬利翁效應」成為一個人只要對藝術對象有著執著的追求精神，便會發生藝術感應的代名詞，後來被用在教育學上，比喻教師對學生的期待不同，對他們施加的方法不同，學生受到的影響也不一樣。

在心理學領域，皮格馬利翁效應由美國著名心理學家羅森塔爾和雅各森提出。他們在原神話傳說的基礎上，進行了一項有趣的研究。

他們先找到了一個學校，然後從校方手中得到了一份全體學生的名單。之後，他們向學校提供了一張學生名單，並告訴校方，他們通過一項測試發現，名單上的這些學生有很高的天賦，只不過尚未在學習中表現出來。其實，這是從學生的名單中隨意抽取出來的一些人。有趣的是，在學年末的測試中，這些學生的學習成績的確比其他學生高出很多。

研究者認為，這就是由於受到老師期望的影響。由於老師認為這些學生是天才，因而寄予他們更大的期望，在上課時給予他們更多的關注，通過各種方式向他們傳達「你很優秀」的資訊，學生感受到老師的關注，在學習時加倍努力，因而取得了好成績。這種現象說明老師的期待不同，對學生施加影響的方法不同，學生受到的影響也不同。這就是人們常用戲謔的口吻說的那句話：「說你行，你就行，不行也行；說你不行，你就不行，行也不行。」

皮格馬利翁效應在學校教育中表現得非常明顯。美國心理學家的研究顯示，當老師在課堂上抽問學生問題時，老師會給那些成績較好的同學較長時間來回答；而且回答錯時，老師往往也會再給他們一次機會。在另一個實驗中，老師對學生的期望，甚至影響到學生體育課上的表現。那些老師期望會有較好成績的學生，在仰臥起坐和俯臥撐的項目裏，都獲得了較好的成績。另外，受老師喜愛或關注的學生，一段時間內學習成績或其他方面都有很大進步，而受老師漠視甚至歧視的學生就有可能從此一蹶不振。

皮格馬利翁效應告訴我們，當我們對某件事情懷著非常強烈的期望的時候，我們所期望的事物往往就會出現。對一個人傳遞積極的期望，就會使他進步得更快，發展得更好。反之，向一個人傳遞消極的期望，則會使這個人自暴自棄，放棄努力。

愛的界限：既不能匱乏，也不能過分

著名心理學家羅洛梅說：「如果用現代心理分析工具去分析每個人愛的意願，我們就會發現，愛的意願的本質其實是一種關注。為了完成意願所需要的努力，就是關注的努力。我們要讓頭腦清醒，讓心智健全，這是體現關注的基本要素。」

父母對孩子的愛亦如此，普天之下的父母無不深愛自己的孩子。也許是因為這份愛太偉大、太無私，也太沉重，導致許多父母不能夠把握好愛的界限，最終導致孩子無法健康地成長。

一旦發生這種情形，緊跟著在孩子的發展上就會出現嚴重的問題：孩子的態度日漸固定到使他不能認識愛，也不能恰當地表達愛、使用愛，因為他對愛的本能從來沒有發展起來。對於一個在愛沒有適當發展的家庭中成長的小孩，很難牽動他表達任何一種愛，他一生的態度將是一種逃避姿態——逃避一切愛和溫柔。

有些父母為了讓孩子在小的時候能夠養成獨立的習慣，於是，就告訴孩子一些有害的話：愛和溫柔是有害的，容易受人歧視。其中，經常被嘲笑的孩子尤其受到這種教導。這樣的孩子免不了要害怕顯露情緒或感受，因為他們會覺得，對人表示愛是可笑而且囉唆的；他們抗拒正常的溫柔，彷彿那是奴役或貶抑他們的工具。如此，在兒童幼年時期便可能建立起藩籬，擋住他走向愛的生命。

經過一段壓抑，一切愛的殘酷教育之後，孩子便會從環境中撤退，並且一點一點地失去與人接觸的能力。偶爾，環境中會有人提供親睦的機會，這時，孩子就會打開心理防衛界限，與這個人做至交的朋友，而這種在只與一個人建立社交關係中成長的人，他的社會傾向永遠不可能伸展到這個人以外的其他人，他終生都試圖尋覓幼年時所沒有的溫馨與關愛。

伴隨過多溫柔的教育，與沒有溫柔相隨進行的教育，同樣有害。一個嬌慣的孩子和懷恨的孩子一樣負擔著重大的困難，他只要一與人相處，要求溫柔的欲求便無邊無際地產生，結果，這些受寵的孩子把自己綁在一個人或很多人身上，拒絕讓自己與人分離。

溫柔的價值因為各種錯誤的經驗而被強調得讓孩子推出這樣的結論：因為我愛你，所以你也必須愛我，必須為我做這件事或那件事。這是一種很容易在家庭內成長的社會教條，孩子一旦形成這種傾向，就會立刻增加自己的溫柔，使別人更加依賴他，以此為自己服務。這種溫柔一旦在孩子身上表現得特別熾熱的話，那麼，這個孩子一生都會遭受這種情感的傷害性的影響，將不斷處在掙扎之中，而以公平手段或衝突去奮力抓緊別人的溫柔。為了獲取更多的關愛，這類人會不遺餘力，直到他成為周圍人關注的中心，而且要顯得比別人重要為止。

這些受寵的孩子猶如溫室裏的花朵，在成長路上的每一項困難都被移開了，他們的能力被人用和緩的方式削減了，而從來沒有機會去負擔責任。這種孩子所有必須為未來做準備的機會全被阻擋了，他們從來沒有預備去和任何人接觸，既然如此，他們當然沒有辦法與其他人接觸。由於孩提時代的困難和錯誤在他們人際接觸的路上投擲了許多障礙，這樣的孩子對於生活毫無準備，因為他們從來沒有練習克服困難的機會。

這樣的孩子一旦跨出家庭的溫室氣氛，他們幾乎必然會遭受挫敗，因為他們找不到一個人願意承擔那些過去是由一味寵愛他們的長輩所替他們背負的責任，而且，外面的溫度也不是他們一向習慣的。這些習慣了受寵的孩子無論是在步入社會與人交往，或是在組建新的家庭時，往往會遭受挫折與失敗的打擊，讓人不堪重負，避而遠之。試問除了生養自己的父母，有哪個人會心甘情願、不求索取地為你服務呢？

對於孩子來說，一旦心理活動的模式固定，任何舉措都可能變成走向結局的方法。為了達到目的，孩子可能朝邪惡的方向走，也可能變成模範兒童。我們常常可以看到，幾個孩子裏面總有一個會借違規來成為受關注的焦點，比較膽怯的孩子則借一些好品行來達到相同目標。

潘朵拉盒子裡的希望總是留在人心中

潘朵拉是宙斯創造的第一個女人，主要是想報復人類。宙斯作為天神，對人類敬奉普羅米修士而不敬奉自己感到生氣，他覺得應懲罰人類和普羅米修士。他懲罰了普羅米修士之後，對人卻束手無策，於是，宙斯只能另想辦法。

宙斯首先命令火神黑菲斯塔斯使用水土合成攪混，依女神的形象做出一個可愛的女人；再命令愛與美的女神阿芙洛狄忒淋上令男人瘋狂的激素；女神雅典娜教女人織布，製造出各種顏色的美麗衣織，使女人看起來更豔麗迷人；完成所有程式後，宙斯派遣使神漢密斯說：「放入你狡詐、欺騙、耍賴、偷竊的個性吧！」一個完完全全的女人終於完成了。眾神替她穿戴衣服，頭戴兔帽、項配珠鏈，嬌美如新娘。漢密斯出主意說：「叫這個女人潘朵拉吧，是諸神送給人類的禮物。」眾神都贊同他的建議。古希臘語中，「潘」是所有的意思，「朵拉」則是禮物的意思。

宙斯在爭奪神界時，曾得到普羅米修士及其弟伊皮米修斯的幫助，而能登上寶座。普羅米修士的名字即「深謀遠慮」的意思，而其弟伊皮米修斯的意思為「後悔」，所以兩兄弟的作風就跟其名字一樣，有著「深謀遠慮」及「後悔」的特性。潘朵拉被創造出來之後，就在宙斯的安排下，送給了伊皮米修斯，因為他知道普羅米修士不會接受他送的禮物。而伊皮米修斯接受了潘朵拉，在舉行婚禮時，宙斯命令眾神各將一份禮物放在一個盒子裏，送給潘朵拉當禮物。而眾神的禮物是好是壞就不得而知了。

普羅米修士就此警告伊皮米修斯，千萬不要接受宙斯的禮物，尤其是女人，因為女人是危險的動物。而伊皮米修斯就跟其名字一般，娶了潘朵拉之後沒多久，就開始後悔了，因為潘朵拉最大的缺點就是好奇心太強。從結婚以後，她就不斷地想打開眾神送的小盒子，而伊皮米修斯卻要時時刻刻地提防她的好奇心，因為他知道盒子裏的禮物未必都是好的。

有一天，潘朵拉的好奇心戰勝了一切。她等伊皮米修斯出門後，就打開了盒子，結果一團煙衝了出來，將一切禮物全都釋放，這裏面包含了幸福、瘟疫、憂傷、友情、災禍、愛情等。在潘朵拉打開箱子以前。人類沒有任何災禍，生活寧靜，那是因為所有的病毒惡疾都被關在箱子中。潘朵拉害怕極了，慌亂中，潘朵拉及時地蓋住大箱子，但一切都已經太遲，盒子內只剩下了「希望」。

因此，即使人類不斷受苦、被生活折磨，但是心中總是留有可貴的希望，總能自我激勵。在死亡以前，希望永遠存在，人生也絕對充滿了美好的希望。至今，它一直是人類生活動力的來源，因為它帶給人類無窮的「希望」，不管遭遇何種困境，它是人類一切不幸中唯一的安慰。

為什麼在年輕時我們感覺面前的生命之路總是無比漫長呢？因為我們不得不找尋空間塞滿我們無限的希望。希望帶來美好，美好的希望更是讓人激動，讓人無限嚮往。希望是人們生活的動力和依靠，它讓會思考的生命去奮鬥、去拼搏，讓人生變得有意義。

在走向人生的征途時，最重要的既不是財產，也不是地位，而是在自己胸中像火焰一般熊熊燃起的意念，即「希望」。因為那種毫不計較得失，為了巨大希望而活下去的人，肯定會生出勇氣；不以困難為阻礙，肯定會激發巨大的激情，使自己的內心閃爍出洞察現實的睿智之光。只有睿智之光與時俱增、終生懷有希望的人，才是具有最高信念的人，才會成為人生的勝利者。

亞歷山大大帝給希臘世界和東方、遠東的世界帶來了文化的融合。據說在他出發遠征波斯之際，他曾將所有的財產分給臣下。

征伐波斯需要買進種種軍需品，為此需要巨額的資金。但從珍愛的財寶到佔有的土地，他幾乎都分給臣下了。

群臣之一的庇爾狄迦斯深以為怪，便問亞歷山大大帝：「陛下帶什麼啟程呢？」

對此，亞歷山大回答說：「我只有一個財寶，那就是『希望』。」

據說，庇爾狄迦斯聽了這個回答以後說：「那麼，請允許我們也來分享它吧。」於是他謝絕了分配給他的財產，而且臣下中的許多人也仿效了他的做法。

只有保持「希望」的人生才是有力的；失掉「希望」的人生，則通向失敗之路。「希望」是人生的力量，在心裏一直抱著美「夢」的人是幸福的。也可以說抱有「希望」活下去，是只有人類才被賦予的特權。只有人，才由其自身產生出面向未來的希望之光，才能創造自己的人生。只要心存希望，人生就會多姿多彩。

特洛伊木馬：要學會洞察現象的背後

現實生活中，我們每天都會遇到各種各樣的現象，這些現象有些是值得我們注意的，有些是具有迷惑性的，需要我們小心對待。事物的本質往往藏在現象的後面，很多時候我們經常被事物的表面現象所迷惑，而忽略甚至誤解了事物的本質。

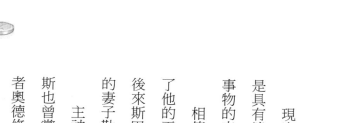

相傳古希臘時期愛琴海邊有個國家叫斯巴達，斯巴達王廷達柔斯被他的兄弟希波科翁逐出了他的王國，一路流浪來到埃托利亞國王忒提斯奧斯的國度，並娶了忒提斯奧斯的女兒勒達。後來斯巴達另一位英雄赫拉克勒斯戰勝了希波科翁，將他所有兒子都殺死後，廷達柔斯就和他的妻子勒達回到斯巴達統治。

主神宙斯和勒達偷情生出了美麗的海倫。海倫的美貌冠絕希臘，連阿提卡半島的英雄忒修斯也曾嘗試去劫走她。求婚者接踵而來以致內訌爭鬥，令廷達柔斯不知所措，最後機智的求婚者奧德修斯向廷達柔斯進言：「讓海倫自己決定，並讓所有求婚者起誓，他們永不拿起武器攻擊海倫的丈夫，並且在他求援時要全力幫助他。」所有求婚者應允後，海倫最後挑選了阿特柔斯的英俊兒子墨涅拉奧斯。廷達柔斯死後，墨涅拉奧斯就成了斯巴達國王。

後來在女神維納斯的幫助下，特洛伊的國王帕里斯拐走了海倫，由此引發了希臘人和特洛伊人之間的戰爭。但特洛伊城是個十分堅固的城市，希臘人攻打了九年也沒有打下來。

一天早晨，希臘聯軍的戰艦突然揚帆離開了，特洛伊人以為希臘人撤軍回國了。他們跑到城外，卻發現海灘上留下一隻巨大的木馬。特洛伊人將木馬作為戰利品拉回城裏，歡慶勝利。當天晚上，特洛伊人歡天喜地，慶祝勝利，他們跳著唱著，喝光了一桶又一桶的酒，直到深夜才回家休息，做著關於和平的美夢。

深夜，一片寂靜。勸說特洛伊人把木馬拉進城的人其實是個間諜。他走到木馬邊，輕輕地敲了三下，這是約好的暗號。藏在木馬中的全副武裝的希臘士兵一個又一個地跳了出來。他們悄悄地摸向城門，殺死了睡夢中的守軍，迅速打開城門，並在城裏到處點火。隱蔽在附近的大批希臘軍隊如潮水般湧入特洛伊城。十年的戰爭終於結束了。希臘人把特洛伊城掠奪一空，燒成一片灰燼。男人大多被殺死了，婦女和兒童大多被賣為奴隸，特洛伊的財寶都被裝進了希臘人的戰艦，海倫也被帶回了希臘。特洛伊戰爭就此結束。

原來這是希臘將領奧德修斯的計謀，就是把一批勇士藏在一匹巨大的木馬腹內，放在城

外，然後佯作退兵。「當心希臘人造的禮物」這句話在世界上許多國家流傳著，它提醒人們警惕和防止被敵人的偽裝欺騙，使敵人鑽進自己的心臟。

認識事物的本質和規律只能從認識它的現象開始。但事物的現象有真相和假相之分，真相從正面表現事物的本質，假相從反面歪曲地反映事物的本質。這就要求我們看人看事時要善於辨別真偽，撥開迷霧見真相，這樣才能準確地抓住事物的本質和規律。相反，如果我們為假相所蒙蔽，錯把「木馬」當「禮物」，特洛伊人的悲劇就可能在我們身上重演。

第三課　社會的困惑：不可思議的悖論

芸芸眾生中並不缺乏充滿智慧的人，但有智慧並非就一定會取得輝煌的成就。美國著名成功學大師戴爾．卡耐基早已向人們昭示關於成功的模式：一個人的成就十五%取決於他的專業技能，八十五%取決於他的人際關係。人際關係已成為現代人生活中的一門重要功課，在哈佛許多學院都設有公共關係課，旨在幫助人與人之間建立一種健康、和諧、信任的關係。如何與他人相處以及贏得他人的好感，這是需要一點藝術和一些智慧的。

蜜蜂的寓言：私人的罪過，公眾的利益

經濟學家看世界向來以理性著稱。這樣一來，有一個好處就是可以看出事情更真實的一面，雖然有時候他們的觀念在傳統看來是那麼另類。十八世紀，英國醫生孟迪維爾寫了《蜜蜂的寓言》，書中敘述了一個蜂群的興衰：

一群蜜蜂為了追求豪華的生活，大肆揮霍，結果這個蜂群很快興旺發達起來。後來，蜂群中有一位有識之士站出來說：「弟兄們，咱們這麼揮霍，對資源是多麼大的浪費，那可不應該啊！」眾蜜蜂認為其言之有理，於是大家吃的也少了，用的也省了，開支馬上小了許多。但是，大家每天幹活都不那麼起勁了，因為不必賺那麼多了。沒過多久，本來興旺的蜂群變得沒了生氣，日漸衰落。

蜜蜂們改變了習慣，放棄了奢侈的生活，崇尚節儉，結果卻導致蜂群的衰敗。這本書的副標題是「私人的罪過，公眾的利益」，意思是浪費是「私人的罪過」，但可以刺激經濟，成為「公眾的利益」。這部作品在當時被法庭判為「有礙公眾視聽的敗類作品」，但是兩百多年

後，英國經濟學家凱恩斯從中受到啟發，提出了「節儉悖論」。眾所周知，節儉是一種美德，既然是美德，為什麼還會產生悖論呢？這就是經濟學家看問題的獨特之處。

二十世紀二〇年代英國經濟停滯，三〇年代全世界出現了普遍的生產過剩和嚴重失業，凱恩斯對此給出了讓人們信服的經濟學解釋。他認為從微觀上分析，某個家庭勤儉持家，減少浪費，增加儲蓄，往往可以致富；但從宏觀上分析，節儉對於經濟增長並沒有什麼好處：公眾節儉→社會總消費支出下降→社會商品總銷量下降→廠商生產規模縮小，失業人口上升→國民收入下降，居民個人可支配收入下降→社會總消費支出下降……一九三一年一月他在廣播中斷言，節儉將促成貧困的「惡性循環」，還說：「如果你們儲蓄五先令，將會使一個人失業一天。」

節儉悖論告訴我們：節儉減少了支出，迫使廠家削減產量，解雇工人，從而減少了收入，最終減少了儲蓄。儲蓄為個人致富鋪平了道路，然而如果所有人都加大儲蓄，將使整個社會陷入蕭條和貧困。在艱難時勢下，個人的合理行為（節儉）對整個經濟來說可能是災難性的。由於大家都在存錢，很多省吃儉用者最終可能會失業。

需要注意的是，節儉悖論倡導的消費是一種積極理性的消費，而不是盲目的、無限制的消費，那樣必將導致極其嚴重的後果。二〇〇七年夏，起源於美國，席捲全球的金融危機就是因為人性的貪婪和過度非理性消費導致的。

美國人過度的非理性消費導致危機的爆發，適度的消費促使經濟回暖。所謂成也消費，敗也消費，過度的節儉和盲目的消費都是不正確的。

不和的金蘋果：為何不能理性對待他人評價

人是一種奇怪的動物，喜歡聽讚美，不喜歡聽批評；希望高人一等，不希望低人一頭。人們愛慕虛榮，總喜歡別人有的東西自己有，自己有的東西別人沒有。而當美好的東西只有一件時，麻煩就來了，即使古希臘最美麗的天神也不能免俗。

相傳很久以前，宙斯跟赫拉結婚時，所有的神都給他們送上禮物。大地女神該亞也不例外，她從西海岸帶來一棵枝葉茂盛的大樹，樹上結滿了金蘋果。蘋果本來就非常誘人，加上又是金的，就更加讓人神魂顛倒了。

夜神的四女兒，名叫赫斯珀里得斯，被指派看守栽種這棵樹的聖園。幫助她看守的還有拉冬，牠是百怪之父福耳庫斯和大地之女刻托所生的百頭巨龍，從不睡覺。牠走動時，一路上總會發出震耳欲聾的響聲，因為牠的一百張嘴能發出一百種不同的聲音。

而這時，赫拉克勒斯遵照歐律斯透斯國王的命令，必須從巨龍那兒摘取赫斯珀里得斯的金蘋果。赫拉克勒斯在山林水澤女神的指引下，制伏了年老的河神涅柔斯，向他詢問金蘋果的下落。得知金蘋果下落後，赫拉克勒斯歷盡艱辛，終於取得了金蘋果。

赫拉克勒斯把金蘋果帶給了國王歐律斯透斯。國王感到懊喪的是，這次赫拉克勒斯又活著回來了，他原希望赫拉克勒斯在摘取金蘋果時喪命。其實他並不喜歡金蘋果，因此就把金蘋果送給了赫拉克勒斯。赫拉克勒斯後來把金蘋果供在雅典娜的聖壇上，女神再把這些金蘋果送回原來的地方，讓赫斯珀里得斯繼續看管。

在人類英雄帕琉斯和海洋女神忒提斯的婚禮上，金蘋果又一次出現了。珀琉斯和忒提斯結婚時，邀請了奧林匹斯山上的眾神，唯獨沒有邀請不和女神厄里斯。厄里斯懷恨在心，偷偷到婚宴上投下了一個「不和的金蘋果」，那蘋果上寫著：贈給最美麗的女神。結果天后赫拉、智慧女神雅典娜、愛神阿芙洛狄忒都認為自己是最美麗的，爭執不下，就去找宙斯。宙斯讓她們去找特洛伊王子帕里斯評理。

三位女神來到帕里斯這裏，帕里斯鼓起勇氣，大膽地抬起頭，用目光端量面前的三位女神。乍一看，他覺得三位女神都很漂亮，分不出高低。而是細細看去，又覺得略有差異。經過一番艱難抉擇，帕里斯把那個從赫拉手裏得到的金蘋果遞給了阿芙洛狄忒，這時，赫拉和雅典娜惱怒地轉過身去，發誓不忘今天的恥辱，一定要向他、向他的父親和所有的特洛伊人報復，讓他們毀滅。尤其是赫拉，從此以後成了特洛伊人的仇敵。阿芙洛狄忒幫帕里斯搶來了希臘最美麗的女人——海倫。而正是因為這個不和的金蘋果，導致了前文所提到的希臘和特洛伊之間長達十年的戰爭。

蘋果本身沒問題，金色的蘋果也沒問題，問題在於上面寫的字「贈給最美麗的女神」。沒有人會認為別人比自己更美麗，因而會產生爭執、嫉妒甚至仇恨，進而導致災難性的結果。其實金蘋果便是我們的貪心，如果我們能平和地對待名譽和得失，理性地對待別人的評價，「不和的金蘋果」就會消失。

人們時常會過分重視他人對自己的評價，這是人性的弱點。人們習慣於在他人的讚美欣賞中尋求虛榮心的滿足感，即使這種讚賞是明顯的謊言，人們也仍然會歡迎之至。只要有人讚賞，即使厄運當頭，幸福的希望渺茫，人們仍可以安之若素；反過來，如果一個人被冷淡、輕視、忽略時，人們就會因此苦惱甚至因此心懷怨恨。

如果一個人總是試圖在以他人對自己的評價中尋求安慰，而不能在自身所具備的事物中發現快樂、幸福的源泉，那麼，這個人便身陷險境之中了。

人生中幾乎有一半的麻煩來自對他人評價的焦慮。要知道，真正的快樂、幸福來自於我們內心的平和與滿足，所以要獲得幸福，我們必須正確面對他人對自己的評價。

判斷撒謊行為正確與否的界限是在哪裡

哈佛哲學教授桑德爾教授曾拋出這樣一道情景題：

假設我現在急需用錢，想找你借一筆錢。我非常清楚地知道自己在近期內是無法償還這筆錢的，但是，我會作出一個虛假的承諾，說自己很快會償還這筆錢。我明知道無法兌現自己的承諾，卻仍然要借這筆錢，這在道德上是否被允許呢？

有的人會認為這是允許的，雖然不能夠如期歸還欠款，違背了自己的承諾，但是這筆錢卻能夠解決自己的燃眉之急，甚至可以拯救自己的生死存亡。但是如果你將這一準則普遍化並根據它而行動，那麼就會有這樣的情況發生：如果每個人在需要錢的時候都作出虛假的承諾，那麼就沒有人再會相信承諾，承諾也就不會具有任何價值，承諾在人與人的交際中將會沒有立足之地。這樣一來，如果你再試圖通過承諾而獲得一筆錢的嘗試，將會是徒勞的。所以說，作出虛假的承諾在道德上是不被允許的。

一個虛假的承諾，在道德上之所以是錯誤的，並不僅僅是因為它會破壞社會的誠信。它之所以錯誤，是因為在作出這樣一個虛假承諾時，我們就是將自己的需要和慾望置於他人的需要和慾望之上。判斷道德與否的標準在於，是否將一己的利益置於他人的利益之上。

我們絕不能將道德法則建立在任何特殊的利益、意圖和目的之上，因為那樣做會損害他人的利益，損害他人的利益也就是在踐踏他人的尊嚴。所以，不要總是將人，無論是你自己本身還是任何其他人，僅僅看做一種手段而加以對待，而同時也要把他們看做一種目的而加以對待。

讓我們再一次考慮那個虛假的承諾。當一個人承諾說自己會把錢還給對方，而又知道自己並不能兌現承諾的時候，那麼，這個人只是在利用對方。這個人是在將對方作為自己經濟上的償還能力而加以利用，並不是將對方看做一個值得尊重的目的而加以對待的。

接下來，讓我們再來看看下面這道情景題：

你知道邁克想殺你的朋友瑪麗，而你剛剛將瑪麗留在了家裏。邁克找到你，問你是否知道瑪麗在哪兒。如果你告訴他真相，那邁克就會找到瑪麗並把她殺了。如果你謊稱瑪麗五分鐘前就走了，那邁克會匆匆離開，讓瑪麗有機會逃跑。

你該怎麼辦呢？說真話還是說假話？

撒謊是不是正確的，極端道義論哲學認為撒謊是錯誤的；而結果論哲學會為你撒謊而感到高興，因為你這樣做可以挽救一個女人的性命。

當然，並非每個道義論哲學家都認為撒謊是錯誤的，但每個道義論哲學家都會相信某些事情總是錯誤的。其實，並非所有的事情都要堅持普遍原則，具體事情要具體分析。就像為了根治一個女人的乳腺癌，那麼，醫生很快就會把這個女人的乳房切下來。這是一個不容置疑的問題，沒有人會譴責醫生的行為是不道德的。

我們都知道在大街上邊走邊揮刀殺人是不正確的行為。為什麼說它不正確呢？道義論哲學家會認為這種行為絕對不正確，因為它屬於在他人非自願的情況下侵犯他人的身體。也就是說，我們可以隨意做自己想做的事情，但不要侵犯到他人的身體。

但是，把這一原則當成行為指南是完全辦不到的。從字面上看，它是一種完全不能發揮作用的方法。「不侵犯他人身體」的確切界限是什麼？餐館門前的照明燈，每秒它會向路過的陌生人的身體發射上億個光子。這是不是也是對他人身體的侵犯呢？

我們一般都會認為開照明燈是可以接受的，連續殺人的行為則是不能容忍的。但我們如何在廣大的灰色區域中清楚地劃出正確與錯誤的界限呢？

撒謊可能是正確的，只要結果有益；撒謊也可能是錯誤的，只要結果有害。讓光子射向路人的身體是可以接受的，因為那些人不會因此受害；將刀子刺向他人的身體則通常是很不妥當的，因為會有人因此受到傷害。

守身如玉者為何更易助長愛滋病的傳播

威廉長得很英俊，備受女性青睞，但他在性生活方面卻比較保守。最近，威廉和同事安妮情投意合，卻苦於沒有適時的表達情感的機會。適逢公司要舉行聚會，他倆心照不宣地認為聚會結束後兩人將會有嘗試激情的機會。

然而，就在公司要舉辦聚會的這天早上，威廉在地鐵裏看到疾病防疫中心的一幅公益廣告，上面大談特談潔身自好的好處。威廉頓時改變了想法，乖乖地待在家裏，沒有去參加聚會。因為威廉沒有去參加聚會，安妮就和同樣瀟灑卻風流成性的卡爾回了家，結果染上了愛滋病。

因為性生活保守的威廉沒有參加這次聚會，風流倜儻的卡爾便有了可乘之機，結果導致無辜的安妮不幸染病。如果不是威廉的過度保守，臨陣脫逃，那麼，安妮也許就能逃過此劫。

如果全世界像威廉這樣的人能夠開放一點，那麼，必然能夠減緩愛滋病的傳播速度，就會讓其他人大受裨益。當然，過猶不及，如果他變得太不檢點，那麼就會和卡爾一樣危險。哈佛大學教授邁克爾·克雷默曾經作出這樣的預計，如果英國每年新增性夥伴少於二點二五個的男男女女能夠在性生活方面開放一些，英國愛滋病的傳播速度就會有所降低。這就意味著年齡介於十八歲至四十五歲的英國人中，有三／四的人的性取向是不夠開放的。

可以這樣說，守身如玉者更容易助長愛滋病的傳播。初聞這個想法，也許你會覺得荒誕可笑，守身如玉者怎麼會助長愛滋病的傳播呢？這其實是一個純粹的邏輯上的問題，耐心地看完下面的邏輯推理，也許你就會改變看法。

威廉在性生活方面的謹慎、保守，使他不易染上愛滋病這種可怕的疾病。如果安妮和他過夜，也會享受到安全的性行為。這樣，威廉就是在將快樂分享給其他人。照此推理下去，如果我們能讓威廉和更多的性夥伴相互交往，這世界也會變得更安全、更快樂。

事實上，像威廉這樣性觀念相對保守的人每次去酒吧都能給這個世界帶來兩個好處。一個好處是，他提高了女士想要尋求一個安全性伴侶的概率。另一個好處有點可怕，但很可能更有實證意義，那便是，威廉去酒吧時帶回一個感染了愛滋病的患者，然後，威廉自己可能被感染。最終，威廉會生病，甚至死掉。

而對世界上其餘的人來說，這是美好的，因為當威廉死掉的時候，病毒也跟威廉一起死掉了。所以，如果說註定要有一人染病，那麼就應該讓生活檢點的威廉染病，而不應該讓生活不檢點的卡爾染病，因為卡爾可能會在自己死前感染其他數十個人。

這種說法是符合邏輯的，但是，你卻不能在與別人交往時把這一準則當成自己做人的準則。你永遠不可能在酒吧裏跟一個守身如玉者這樣交流：「跟我回家吧，以便於我來傳染你，而不會傳染給其他人。」究其原因，好事本身與對於其他人來說是件好事，這完全是兩回事。吸煙對於吸煙者來說是一件好事，但對於其他人來說並不是一件好事，一個吸煙者享受吸煙過程的時候，不會關注他們會給別人帶來身體的損害，不檢點的卡爾也不會關注自己所散佈出去的病毒，而威廉這個在性方面很謹慎、很保守的人不會關注那些因為自己過度守身如玉而死在濫交者手上的人。

那麼，這種情況究竟應該怎麼應對呢？那就是想辦法鼓勵那些在性方面很謹慎、很保守的人帶走更多的性夥伴。這當然也不需要太多，我們並不想把全世界的人都變成不檢點的卡爾的同類。我們所提倡的是，僅僅多一點而已。

那我們如何才能做到這一點呢？

要想做到這一點，唯一的獎賞就是提供免費（或是大幅度打折）的避孕套。要想發揮免費避孕套的作用，威廉就必須和別人發生性關係。而且比之卡爾，威廉對避孕套的重視程度肯定要高很多，原因在於：威廉確信自己沒有染上愛滋病毒，因此避孕套能拯救他的生命。而卡爾則不同，他知道自己可能已經感染了愛滋病毒，因此用不用避孕套已經無濟於事了。如果提供打折幅度很高的避孕套，就有可能讓威廉敢於去嘗試更多的性生活，這樣，也不至於讓卡爾這樣的人因為有更多的可乘之機而變得更加荒淫無度。

第四篇

平等與公正：如何做才是正確的

第一課　公平理論：絕對公平是虛無

平等與自由的觀念在現代社會中被視為兩個並不那麼協調的價值。新保守主義者堅持自由是西方社會的核心價值，過分強調平等會妨礙自由的實現，同時認為自由主義者過分強調平等，不僅給社會造成種種危機，而且侵害了人的自由。而自由主義者則認為，只有突出平等才能保證人們的自由，否則，政治和經濟資源的不平等分配，必然會侵害一部分人的自由。

哈佛教授約翰·羅爾斯認為，只有當我們可以合理地指望不平等能夠符合每個人的利益，而且它所依繫的地位和職務向所有人開放時，不平等才不是武斷的。

烏托邦：更多的平等，得到更多的利益

哈佛大學的桑德爾教授在課堂上提出這樣一個問題：所有人都是平等的嗎？

有人予以肯定的回答，他們認為所有的人生而平等，造物主賦予了他們特定的不可剝奪的權利，如生存權、自由和追求幸福等。

也有人予以否定的回答，他們認為這種所謂的「平等」不過是某種意義上的平等。從某些方面來看，最好的例證就是，有些人擁有很多金錢，有些人卻一無所有，甚至要行街乞討。

「人們之間應該平等嗎」是一個政治問題。這個問題關乎我們如何建構這個社會。我們無法控制人性，但是我們可以決定人們應該有多大程度上的平等。

提到平等，人們很自然地就會想到英國哲學家湯瑪斯·莫爾在《烏托邦》中杜撰出來的「烏托邦」，其從某個側面反映了人類對美好未來和正義社會的永久期待。

《烏托邦》一書的全名原為《關於最完美的國家制度和烏托邦新島的既有利益又有趣的金書》，是用拉丁文寫成的。烏托邦的原詞來自兩個希臘語的詞根，「ou」是沒有的意思，

「topos」是地方的意思，合在一起是指「烏有之鄉」。

《烏托邦》首次用「羊吃人」來揭露罪惡的「圈地運動」，「你們的綿羊，曾經是那樣容易滿足，據說現在開始變得貪婪而凶蠻，甚至要將人吃掉」。湯瑪斯．莫爾還認為，「除非徹底廢除私有制，財富的平均分配才能公正，人類的生活才能真正幸福」。並提出了公有制，討論了以人為本、和諧共處、婚姻自由、安樂死、尊重女權、宗教多元等與當時人們的生活休戚相關的一些問題。

在莫爾的書中，烏托邦政府是代表型民主政體。這個社會沒有人擁有私人財產，人們生產的所有物資都存在店鋪中，店鋪遍及全島，人們可以根據自己的需要各取所需，不需要金錢流通。例如，食物、衣服、工具和其他物品都觸手可及，就連房子也是靠抽籤免費得到的，每十年可以調換一次。

這種制度常常會讓人產生這樣的質疑：如果物資是觸手可及的，那是不是就沒有人需要工作了？

答案當然是否定的。在烏托邦，法律上要求人們都要工作。只是每個人在烏托邦裏所做的工作，都比他的同時代的人在其他社會所做的少得多。這是因為人們只需生產必要的有用的物資，不必浪費時間去生產奢侈品，比如珠寶、毛皮或盛宴等。這就在一定程度上減少了每個人的工作量。所以，在烏托邦的國度裏，不會有貧窮、失業、無家可歸的閒散人員存在，例如失業婦女、行乞的乞丐等。

在我們生活的社會中，正因為人們長期生活在緊張、壓力之下，這才助長了「情感方面的罪」，人們的煩悶和怒火往往會使他們喪失理智。但是這些煩惱和壓力在烏托邦是完全不存在的，因為沒有貧窮、失業、無家可歸現象存在，人們就不會像現在這樣焦慮、緊張和恐懼。因此，所有那些種類的犯罪都不會發生。而且不會存在任何階級矛盾，窮人和富人、不同階級之間的衝突都會隨之消失。

由於人們可以花費更少的時間去生產消費品，所以，每個人都有充足的時間去從事自己的愛好：遊戲、運動、學習、社交等休閒娛樂活動。但隨之而來又有這樣的一個疑問：在烏托邦的國度裏，人們只是花費很少時間去工作，大部分的時間都是在進行娛樂，那麼，人們是不是都將變得千人一面，沒有人會發展出自己的個性呢？

在烏托邦的國度裏，人們實際上可以有更多的自由時間，而且不用去擔心賺錢的問題，這樣就可以有更多的時間發展自己的個性。在我們現在生活的社會中，人們才是沒有時間和機會發展自己的個性，因為人們都把精力浪費在對物質追求上。此外，烏托邦人意識到真正的個性依賴於一個人的觀點、不同尋常的體驗以及自己的個性能力，而不在於你的著裝時髦與否、佩戴的珠寶首飾昂貴與否。

只有在烏托邦的國度裏，人們才會享受到真正意義上的平等。烏托邦作為人類對美好社會的憧憬，人們從來都沒有放棄對它的追求。

精英者的公正：差異讓我們生活得更好

到二〇八一年，人們期待已久的人人平等終於實現了。在這個平等的社會，凡事都要絕對的平等。沒有哪個人更聰明些，沒有哪個人更漂亮些，也沒有哪個人更強壯些或者更靈巧些。

這種絕對的平等由美國設障上將手下人員執行。那些超過正常智商水平的公民，需要在耳內戴上一個微型智慧障礙收音機，每隔二十秒鐘，政府發射台就會發送一種尖銳的雜訊以阻止他們不公平地利用他們的大腦。

這時，哈里森·伯傑龍年僅十四歲，他超乎尋常地聰明、英俊並擁有天賦，因此，他的身上不得不裝配比大多數人更重的障礙裝置。與那種微型耳塞式收音機不同，他佩戴著一副巨大的耳機和厚得像酒瓶底似的眼鏡。為了掩蓋他那英俊的外表，哈里森被要求在鼻子上戴一個紅色的橡皮球，刮掉眉毛，在潔白整齊的牙齒上套胡亂造出的黑色暴牙套子。此外，為了抵消他強壯的身體優勢，他不得不在走動時帶著沉重的破銅爛鐵。在人生的這條賽道上，哈里森需要負重三百磅。

一天，哈里森終於不堪重負，憤怒地脫去了身上所有的障礙物，開始英勇地反抗平等主義專制的行為……

這是小庫爾特·馮內古特寫的一部短篇科幻小說《哈里森·伯傑龍》，表達了馮內古特對於絕對的平等持反對態度。

平等的社會自然是人們所渴望和嚮往的。那是否意味著要在所有方面都實現平等呢？

平等並非指所有方面的平等，這種平等僅僅指相同法定權力、利益等，例如平等的條件和平等的機會。人們在特定方面應允許不平等，在特定情況下也應允許受到不平等的待遇。也就是說，我們應該允許人與人之間的差異性，比如說，興趣、才能和天賦。

興趣、才能和天賦，完全屬於個人意願與能力，我們絕不能為了實現人與人之間絕對的平等而去給那些對某項工作有著濃厚興趣或是本身就具備勝任某項工作的天賦與能力的人設置障礙。就像今天，很多人有平等的機會，但是有人實現了卓越，有的人卻沒有。

人和人是不同的。有的人對音樂感興趣，有的人對繪畫感興趣，有的人喜歡搞科研，有的人喜歡在舞臺上表演。興趣和愛好很大程度上取決於個人的天賦和能力。有的人學習特定的東西比別人學得快，能以更快的速度取得成就，有的人具備領導者的風範，有的人註定只能做個市井小民。

例如，我們可以賦予公民平等的權益，讓他們通過投票來選擇一個卓越的政治領導者。但是，一個卓越的政治家必須很早就起步，連續工作很長一段時間，必須組建一個巨大的政治組織，跟已經成立的黨合作，投入大筆的錢，學會有效溝通，面對壓力要堅持他的觀點，等等。

在這種情況下，只有最有精力、最有天賦和投入最多的人才能戰勝這些障礙，而如果有人還偏執地要求絕對的平等，讓一些不具天賦和才能的人來任職，其結果可想而知。

對任何工作來說，有好的完成方法，也有糟的完成方法，也有最好的完成方法，那就是卓越的做法。卓越就意味著在最高程度上實現目標——例如，種植出最多最好的瓜果——或者用最少的精力、最低的成本、最短的時間，或用其他有效的方式來實現目標。例如，銷售員的工作是銷售，一個優秀的銷售員銷售出的產品會比其他銷售員都多。

秘書的工作是打字、處理文件、安排工作任務。一個優秀的秘書可以把這些工作做得非常好：打字很快、錯誤率低，有效地處理檔案，合理安排工作進程，而且總能避免程式方面的衝突。

這時，我們就需要鼓勵那些有天賦的人發展並鍛鍊自己的才能，更不要給那些跑得最快的人設置障礙，讓他們放心大膽地去跑並做到最好。但是務必要認識到，這些獎品並不只屬於他們，而應當與那些缺乏這類天賦的人共同分享。

桑德爾教授認為，共同分享是指將自然才能的分配看做一種公共資產，並共用這一分配的好處，而無論其結果是什麼。那些受到自然寵愛的富有天賦的人們，無論他們是誰，都只有當他們的好運氣改善了那些不利者的狀況時，自己才能真正從自己的好運氣中獲利。同時，一定要避免這樣的誤區，那些在天賦上佔優勢的人們，不能因為天分較高而僅僅讓自己受益，而要通過抵消那些訓練和教育所產生的費用，從而幫助那些比較不幸的人們。

由此可以看出，我們力求絕對平等的這個目標是錯誤的，為此我們已經浪費了太多的時間和金錢。所以，我們要鼓勵人們做自己擅長的事情並不限制其他人的自由。當然，人們可以自由選擇他們希望從事的任何職業或活動。

從長遠來看，如果我們能遵從這個事實，精英統治論者的政策會在實際情況中導致更好的自我實現，給每個人更大的滿意感和幸福感。

現實社會正義者是否比不正義者更幸福

柏拉圖在《理想國》中提出了這樣的問題：一個正義者是否比一個不正義者更為幸福？換言之，就是道德對幸福的生活到底有多大的影響。這牽涉每個人一生的道路的選擇——你願意做哪一種人？過一種什麼樣的生活？

在希羅多德的《歷史》中，講述了這樣一個故事：

雅典的立法者梭倫出遊，到了一個叫做克洛伊索斯的國王的宮殿，克洛伊索斯領著梭倫去參觀他的寶庫，把那裏所有一切偉大的和華美貴重的東西都給他看，然後問他：「怎樣的人是最幸福的？」

他之所以這樣問，是因為他認為自己是人間最幸福的人。然而梭倫卻說最幸福的人是雅典的泰洛斯，因為泰洛斯的城邦是繁榮的，而且他又有出色的子孫，他享盡了人間的安樂，卻又死得極其光榮——英勇地死在疆場之上，雅典人在他陣亡的地點給他舉行了國葬並給了他很大的榮譽。克洛伊索斯又問他，除去泰洛斯之外在他看來誰是最幸福的，心裏以為無論怎樣自己總會輪到第二位。

梭倫卻仍然沒有說到他。克洛伊索斯說：「雅典的客人啊！為什麼您把我的幸福這樣不放到眼裏，竟認為我還不如一個普通人？」

梭倫大致是這樣回答他的：人間的萬事是無法預料的。你現在極為富有並且是統治著許多人的國王；然而，只有我在聽到你幸福地結束了你的一生的時候，才能夠給你回答。因為不管在什麼事情上，我們都必須好好地注意一下它的結尾。因為神往往不過是叫許多人看到幸福的一個影子，隨後便把他們推上了毀滅的道路。

後來，克洛伊索斯發動戰爭，被打敗後成為階下囚，這時他才認為梭倫所說的話是對的。

對一個國王來說，財富和權力並不足以構成其幸福的全部要素，而對另一些人來說，它們甚至完全不是構成幸福的主要因素。梭倫在這裏主要還是強調幸福的完整性和終極性，這種有關幸福必須「蓋棺論定」，即觀察一個人的幸福不僅要看一時一事，而是要看他的完整一生的觀點，不僅是希羅多德一個人的思想，而且是在希臘人中相當流行的觀點。

現實社會中，好人受苦而惡人反倒享受財富、權力和成功的現象，似乎處處可見。雖說「善有善報、惡有惡報」，但有時我們看到相反的情形：善人受到冤屈，而惡人卻得意揚揚。

然而，正如蘇格拉底在《理想國》中所說，正義者可能一時落後，但最後還是會比不正義者更早到達終點，實現自己的目標。無論如何，正義本身也是最有益於靈魂的。人們將因正義的美德在生前和死後從人和神的手裏得到各種各樣的酬報——包括生前和死後的酬報。一個人只有通過實踐正義和其他美德，才能達到真正的幸福和至善。

公平的不平等，平等則往往要犧牲效率

約翰·羅爾斯的《正義論》中記載著這樣一個故事：

約翰和瑪格麗特有三個孩子：十四歲的馬太、十二歲的馬可、十歲的路加。這一年耶誕

節，他們打算為每個孩子花一百英鎊來買禮物。他們想公平地對待孩子，而不偏袒任何一個。

一開始，他們的採購看來不會有麻煩，因為他們不久就找到了想要的：單價一百英鎊的遊戲機。正當他們要去為三台遊戲機付款時，約翰注意到一個特惠活動：如果購買兩台單價一百五英鎊的新型高級遊戲機，將免費贈送一台原裝遊戲機。他們可以花同樣的錢獲得更高級的商品。

「我們不能這麼做，」瑪格麗特說，「那是不公平的，因為將有一個孩子得到比其他兩個更差的禮物。」

「但是瑪格麗特，」約翰說，「這怎麼會不公平呢？他們都不會獲得更好的。如果我們不參加特惠活動，有兩人將獲得比本來應當獲得的禮物更差的。」

「我希望他們全都平等。」瑪格麗特回答道。

「即使這意味著讓他們獲得較差的禮物，也要平等嗎？」

許多人都認為，平等是可以達到的，可現在很少有人認為要不惜一切代價追求平等。這是因為，通過讓大家都低水平地一齊達到平等，看起來是有點過度固執。

儘管我們都認同強加的平等並非總是值得的，然而，這並不意味著，我們應當完全毫無疑問地接受所有不平等。我們要問的是，不平等在什麼時候是可以接受的。約翰對瑪格麗特說的關於為什麼要區別對待孩子們的理由，提供了一種答案：當沒有人變得更差且有人變得更好時，不平等是可以接受的。

然而如社會心理學家指出的，當鄰居並沒有剝奪我們的財產而變得富有以後，儘管我們在物質上並沒有變差，但在心理上，我們對自己和鄰居之間的財富差距的新的認識，將讓我們感覺很受傷。

早在一九六五年，美國心理學家約翰．斯塔希．亞當斯就提出「公平理論」。人的激勵程度來源於對自己和參照物件的報酬和投入的比例的主觀比較感覺。該理論認為，人能否受到激勵，不但受到他們得到了什麼而定，還受到他們所得與別人所得是否公平而定。

公平與否的判定受到個人的知識、修養的影響，再加上社會文化的差異以及評判公平的標準、績效的評定的不同，在不同的社會中，人們對公平的觀念也是不同的。但是，面對不公平待遇時，為了消除不安，人們選擇的反應行為大致相同，或者通過自我解釋達到自我安慰，主觀上造成一種公平的假像；或者更換比較物件，以獲得主觀的公平；或者採取一定行為，改變自己或他人的得失狀況；或者發洩怨氣，製造矛盾；或者選擇暫時忍耐或逃避。

可見，公平是一個受主觀性影響很大的概念。比如，在某些人看來，平均主義較為公平，而某些人，尤其是那些付出更多的人，則會覺得按貢獻來劃分利益更公平。何況人都有利己傾向，總是對自己的投入估計過高，對別人的投入估計過低。所以，絕對的公平是不存在的。

在經濟哲學上，公平與效率是個永久的話題，很多人認為兩者不可兼得。要麼犧牲效率，獲得相對的公平；要麼犧牲公平，追求更大的效率。事實就是這樣，最公平的方案不一定就是最有效的。

兩個孩子得到一個橘子，但是在分配問題上，兩人並不能統一。兩個人吵來吵去，最終達成了一致意見，即一個孩子負責切橘子，另一個孩子選橘子。最後，這兩個孩子按照商定的辦法各自取得了一半橘子，高高興興地拿回家去了。其中一個孩子把半個橘子拿回家，把橘子皮剝掉扔進了垃圾桶，把果肉放到果汁機裏榨果汁喝。另一個孩子回到家把果肉挖掉扔進了垃圾桶，把橘子皮留下來磨碎了，混在麵粉裏烤蛋糕吃。

兩個「聰明」的孩子想到了一個公平的方法來分橘子。如果切橘子的孩子不能將橘子儘量分成均等兩半，那麼另一個孩子肯定會先選擇較大的那一塊，所以這就迫使他要做出均勻的分配，否則吃虧的就是自己。這似乎是一個「完美」的公平方案，結果雙方也都很滿意。

如果將橘子果肉掏出，全部給需要榨果汁的小孩，把橘子皮全部留給需要橘子皮烤蛋糕的小孩，這樣就避免了果肉和果皮的浪費，達到資源利用的最大化。但對兩個小孩來說，這樣的方案，他們會覺得不公平而拒絕接受。

然而事實上，要提高效率，難免就會存在不平等。要實現平等，則往往要以犧牲效率為代價。世上沒有絕對的公平，公平永遠是相對的。一個優秀的團體，總能做到效率與公平的兼顧，並知道何時要更注重公平，何時需更注重效率。同樣，一個聰明的人在處理事務中，也總會在公平與效率之間找到完美的平衡點。

第二課　我們彼此有什麼義務

哈佛教授約翰·羅爾斯認為，在自由主義的觀念中，義務只能通過兩種方式產生：對人類負有的一些自然的責任，以及出於我們的同意而產生的自願的責任。

自然的責任是普遍性的，我們作為人、作為理性的存在而負有這些責任，包括尊敬地對待他人的義務、避免殘忍的義務等。而自願的義務是特殊的，而非普遍性的，而且產生於同意，這就要求我們尊重他人的權利，而不要求我們促進他們的善。

哥哥犯罪，弟弟是否應當報案

哈佛大學的桑德爾教授在講到忠誠與道德的關係時，講述了這樣一個「兄弟情深」的故事：

比爾和湯姆是一對同胞兄弟，從小一起長大，但兄弟兩人的性格完全不同：比爾是一名勤勤懇懇的學生，成績優異並在波士頓學院獲得了法學學位。而他的哥哥湯姆則在中學時中途輟學，整日遊蕩，在街頭幹一些偷雞摸狗的勾當。

後來，比爾競選為麻塞諸塞州的參議員主席，然後當上了麻塞諸塞大學的校長。哥哥湯姆則因為搶劫銀行而在聯邦監獄中度過了一段時間，然後成為波士頓一個犯罪集團的頭目，從事敲詐、操控毒品交易以及其他非法行為。湯姆被指控犯有包括謀殺罪在內的十九項罪名，卻一直逍遙法外。

儘管比爾與他的哥哥通過電話，但是他聲稱自己並不知道哥哥的下落，並拒絕與警方合作。由於拒絕協助調查，比爾承受來自社會多方的壓力，最後辭去了麻塞諸塞大學的校長一職。

比爾對哥哥湯姆的忠誠讓人欽佩，但是這種忠誠卻淩駕於普遍道德之上，即建立在侵犯他人自然權利的基礎之上。比爾對湯姆的忠誠使湯姆免受刑罰，但與此同時，他的忠誠讓湯姆無視道德法律，甚至還會做出更多傷害他人的事情。所以，比爾的行為實際上助長了罪惡的蔓延。

在大多數情況下，公正之事就是幫助人們將犯罪嫌疑人繩之以法。可是，當犯罪嫌疑人是我們的親人或朋友時，我們是否依然能夠做到秉公守法、絕不偏袒呢？忠誠是否可以淩駕於普遍道德之上呢？

在大多數情形下，只要我們不侵犯任何人的權利，那麼我們就能通過幫助身邊的人來履行幫助他人的義務。一個家長救自己的孩子而不救他人的孩子是無可厚非的，只要他在救孩子的路上不撞到其他人的孩子。由此推論，一個富裕的國家，為自己的公民制定一種慷慨的國家福利政策也並沒有什麼錯，只要它尊重任何一個地方的人權。只有當團結的義務導致我們侵犯一種自然義務時，它才是值得反駁的。

在美國南北戰爭爆發之前，羅伯特是北方聯邦軍隊計程車官。他反對南方脫離聯邦，認為這是一種謀反。當戰爭逼近的時候，林肯總統任命羅伯特領導北方軍隊，而羅伯特拒絕了。

儘管他對聯邦無限忠誠，可是他還是不能舉起他的雙手來攻打他的家鄉……而與此同時，出於對聯邦的忠誠，他又不能與聯邦作對，除非聯邦解散了，政府瓦解了，他才會回到他的本州，分享本州人民的痛苦。

羅伯特不能贊成那種可能要求他加害自己家鄉的職責。但是他的忠誠要更進一步，甚至達到了這樣一種程度：以自己所反對的理由而領導他的人民。

在這樣的一種情況之下，我們很難為羅伯特的選擇進行辯護，但是我們又不得不由衷地敬佩那種使他陷入道德兩難境地的忠誠。某種意義上來說，忠誠應當是具有道德分量的，而不僅僅是一種遮蔽了我們的道德判斷。

我們敬佩羅伯特的不是他所做的選擇，而是他的審慎所體現出來的性格品質。可是，要想保持自己的性格品質，就需要接受自己的（甚至是相衝突的）各種束縛而生活。

我們的行為應由誰幫我們負責

有這樣一個犯罪案例：

有一個殺人犯是在貧民窟裏長大的。當他七個月大的時候，他的父親就去世了。他經常受到母親的虐待，他的哥哥姐姐也欺負他。他從來沒有機會上學，而當他能找到工作的時候，也總是由於各種原因被辭退。他搶那家商店的時候已經快餓死了，而且還染上了嚴重的毒癮，也沒有朋友能夠給他幫助。

他姐姐說：「當他還是個小孩子時，我就知道他早晚會這麼做的。」

他母親抱怨說：「我不理解！」

檢察官則斷言：「這是一個冷酷無情的、蓄謀已久的行為！」

辯方則控訴整個社會，認為正是社會的忽視和負面的影響才使此人不可避免地成為一個兇手。

一個人的行為到底是受環境影響還是受自己主觀意志的支配呢？一個人到底應不應該為自

己的行為負責呢？

當你的行為是由你自己引發的時候，你就要負責任，而被你自己之外的事件引發時就不用負責任。

以這個搶商店的殺人犯為例，有人認為殺人犯的行為雖然是有意去做的，然而是他的人格出現問題才導致他去搶劫、殺人的。人格出現問題是他的父母、童年經歷、朋友、鄰居、社會等環境塑造出來的。他的人格強迫他選擇了搶劫，因此，他不需要對自己的人格負責。

因為搶錢最終是由劫匪完全不能控制的事情引起的，即環境引起的，所以他不應該負更大的責任。他並沒有選擇他應該成為的那種人，也無法避免成為這種人，因此，他不需要負責。依照這樣的思維方式推理，每個人都受環境的影響，因此沒有人需要對自己做出的選擇和實施的行為負責。那麼，這豈不是意味著人們可以隨意去做壞事嗎？

這個觀點是荒謬的、錯誤的。環境一定程度上會影響人格，但並不能完全決定人格。科學領域把人的飲食和健康聯繫起來。如果一個孩子沒有攝入足夠的營養，他就會因缺乏某種元素而影響身體健康。但是如果說貧窮的環境導致某人成為罪犯，這是不成立的，因為大部分在貧窮中成長起來的人不但沒有走向犯罪，反而在社會中表現得十分優秀。另一方面，富人也有犯罪的。因此，並不是貧窮的環境導致一個人成為罪犯。

沒有人知道為什麼有些人有特定的價值觀、習慣和信仰，也許是環境的緣故，也許是其他的什麼原因，而極有可能是多種因素共同作用的結果。

每件事情都有起因，這是千真萬確的事情。但是「有些事情」不是一個藉口。如果有個孩子告訴老師說他決定不做作業，但是他不對這樣的事情負責，因為是「有些事情」導致他做出了這樣的決定。他不知道什麼事情導致他不做作業，老師也不知道，別人更不知道。於是，他告訴老師他不需要承擔責任。相信沒有一位老師會相信這樣的胡言亂語，而且也不應該相信。

殺人犯的藉口也許是饑餓，也許是他在孩提時代沒有玩具可玩，也許是沒有漂亮的衣服可穿，也許是父母的關心不夠等原因，但是，最後做決定去搶劫、殺人的仍是自己的意志，沒有任何人、任何事強迫他這樣做。而且，現實生活中有很多人也面臨著同樣的遭遇，但是沒有成為殺人犯，相反，他們通過自身的辛苦勞動獲取食物，獲取自己想要的東西。

承擔責任是一個人義不容辭的義務，在我們做出一種選擇的同時，我們就應該為我們的這一選擇行為承擔相應的責任。

每個人都應該成為一位英雄嗎

第一次世界大戰期間，在法國北部的索姆戰場上，炮火連天，詹姆斯．米勒接到命令，必須不惜一切代價送出一條重要資訊，並帶回回信。接到命令後，他立刻出發，可剛離開戰壕沒多久就中彈了，子彈從他腹部穿了過去。儘管這樣，他還是憑著英雄般的勇氣以及自我犧牲精神，用手壓著腹部被子彈打穿的傷口，把消息送到了目的地，然後跌跌撞撞地把回信帶了回來，之後便倒下了。他把自己的生命獻給了職責與義務。

我們怎樣看待詹姆斯．米勒的這種行為呢？

英國軍方將米勒的這種行為判定為「超越義務的要求」，稱讚他是一個大英雄，並授予他維多利亞十字勳章。

現在試想一下，如果米勒中了致命的那一彈之後馬上爬回戰壕，會怎麼樣呢？恐怕也不會有人譴責他，不會有人說他做得不對，更不會有人說他是膽小鬼。但是米勒還是做出了自己的選擇。

英雄擁有藐視一切的能力和傲視群雄的氣勢，世人不但對其敬畏，而且認為他們難以捉摸。古今中外，英雄數不勝數。英雄豪傑總是在民族危難面前，捨生取義，光明磊落，威武不屈。每個人在心底都有著當英雄的渴望。所謂英雄者，敢為人之所不敢為，敢當人之所不敢當。捨生取義是英雄，助人為樂是英雄，把人民的利益看做最高準則的人也是英雄。

那究竟什麼才是英雄的標準？英國哲學家厄姆森在《聖人和英雄》中讓我們設想一個這樣的情景：

當面對危險的時候，如果一個戰士能夠不惜犧牲自己的生命，用自己的身體掩護戰友順利完成任務，我們認為他是一名優秀的戰士。但是其他的戰士呢？我們難道能因為他們沒有捨生取義而說他們沒有盡到一個戰士的義務嗎？即使沒有人犧牲自己而保全自己的戰友，我們也不能命令他去挽救所有人的生命。

英國哲學家厄姆森認為，確定一個人的行為是不是英雄之舉，要看其是不是滿足三個條件：不屬於日常生活中必須做到的義務；必須是值得讚揚的；即使沒有做到也不應該受到譴責。

我們不是英雄或者聖人，但我們也有職責擔負一般的責任，如不能偷竊、不能說謊等。如果我們對別人慷慨解囊，則是一種理想的道德範疇。在英雄和聖人的眼裏，可能職責以外的行為也是他們的責任，如果沒有履行，他們就會責備自己。然而在一般人的領域裏，並不是必須要捨生取義才算是英雄行為。

這個世界上本來就不存在天生的英雄，沒有誰一生下來就剛毅果斷、堅強勇敢。成長歷程中，每個人都會遇到各種各樣的挫折，而這些挫折往往會帶給你許多並不快樂的體驗，躊躇、痛苦、絕望等紛至遝來。當遭受這些痛和辱的時候，你才會明白，要實現你的目標是多麼不容易。真正的英雄，是戰勝這些挫折後獲得成功的人。

英雄是一架天平，天平的一端承載著歷史的砝碼，而另一端是英雄的魂魄與魅力，當歲月的鏽跡讓歷史的砝碼變得越來越沉重的時候，英雄便以其光照千古的高尚人格站在了歷史的頂端。

阿羅定律：少數服從多數不一定是民主

少數服從多數就一定能夠實現民主嗎？我們先來看一則北京一九九二年申奧的案例。

北京一九九二年開始申請主辦二〇〇〇年奧運會的工作。申辦奧運會的投票規則是逐步淘汰制，具有投票權的委員在參加申請的城市裏進行投票，得票最少的城市便被淘汰。前兩輪投票中北京一直領先。經過兩輪投票，最後剩下三個城市：德國的柏林、澳洲的雪梨以及中國的北京。在第三輪投票中，北京獲得最多的票，雪梨第二，柏林第三。

這一輪投票結束後，柏林被淘汰。如果只有這一次投票，北京就獲勝，但問題是還得再投一次票。當北京與雪梨互相角逐時，北京肯定會再次獲得勝利嗎？

事實是，北京輸了，雪梨獲得了二〇〇〇年奧運會的主辦權。為什麼會這樣？原來支持柏林的投票者大多數轉而支持雪梨。這就是雪梨獲勝的原因。

由此看來，民主投票不能得出唯一的結果，其選舉結果取決於民主投票的程式安排以及每次確定的候選人的多少，即投票規則。不同的投票規則將得出不同的結果。這就是說，民主投票有內在的缺陷。我們將用著名經濟學家阿羅提出的「不可能性定理」來說明民主制度存在著缺陷。

在看到所有人為尋找「最優的公共選擇原則」奔忙而無所獲的時候，史丹佛大學教授肯尼斯·阿羅進行了苦心研究，並在一九五一年出版的《社會選擇與個人價值》一書中提出了一個理想選舉實驗。

阿羅理想選舉的第一步是，投票者不能受到特定的外力壓迫、挾制，並有著正常的智力和理性。毫無疑問，對投票者的這些要求一點都不過分。

阿羅理想選舉的第二步是，將選舉視為一種規則，它能夠將個體表達的偏好次序綜合成整個群體的偏好次序，同時滿足「阿羅定律」的要求。所謂「阿羅定律」就是：

一、所有投票人就備選方案所想到的任何一種次序關係都是實際可能的。也就是說，每個投票者都是自由的，他們完全可以依據自己的意願獨立地投出自己的選票而不致因此遭遇迫害。

二、對任意一對備選方案A或B，如果對於任何投票人都是A優於B，根據選舉規則就應該確定A方案被選中。這其實就是說，全體選民的一致願望必須得到尊重。

然而實際情況往往並不是這樣，比如兩個方案A、B受兩個投票人C、D的選擇。對C來說，A方案固然更好，但B方案也沒什麼重大損失；但是對D來說，卻可能是A方案就是生存，B方案就是死亡，那麼讓C和D兩個人各自一人一票當然就不是公正平等的。

三、對任意一對備選方案A、B，如果在某次投票的結果中有A優於B，那麼在另一次投票中，如果在每位投票人排序中位置保持不變或提前，則根據同樣的選舉規則得到的最終結果也應包括A優於B。這也就是說，如果所有選民對某位候選人的喜歡程度相對於其他候選人來說沒有排序的降低，那麼該候選人在選舉結果中的位置不會改變。

這是對選舉公正性的一個基本保證。比如，當一位家庭主婦決定午餐應該買物美價廉的好豬肉還是質次價高的黑豬肉時，我們很清楚：她對好豬肉和次豬肉的喜愛程度應該不可能發生變化，然而這一次她卻買了黑豬肉。這一定說明在主婦對豬肉的這次「選舉」中有什麼不良因素介入。當然，如果原因其實是市場上已經百分之百都是黑豬肉，那也就意味著「選舉」已經不復存在，主婦已經被黑豬肉給「專制」了。那種情況不在我們的討論範圍之內。

四、如果在兩次投票過程中，備選方案集合的子集中各元素的排序沒有改變，那麼在這兩次選舉的最終結果中，該子集內各元素的排列次序同樣沒有變化。

阿羅定律中第三點和第四點的結合也就意味著：候選人的選舉成績，只取決於選民對他們作出的獨立和不受干預的評價。

五、不存在這樣的投票人，使得對於任意一對備選方案A、B，只要該投票人在選舉中確定A優於B，選舉規則就確定A優於B。也就是說，任何投票者都不能夠憑藉個人的意願，就可以決定選舉的最後結果。

這五條法則無疑是一次公平合理的選舉的最基本要求。

然而，阿羅發現：當至少有三名候選人和兩位選民時，不存在滿足阿羅定律的選舉規則，即「阿羅不可能定律」。即便在選民都有著明確、不受外部干預和已知的偏好，以及不存在種種現實政治中負面因素的絕對理想狀況下，也同樣不可能通過一定的方法從個人偏好次序中得出社會偏好次序，不可能通過一定的程式準確地表達社會全體成員的個人偏好或者達到合意的公共決策。

人們追求和期待的那種符合阿羅定律五條要求的最起碼的公平合理的選舉居然是不可能存在的。這無疑是對票選制度的最根本的打擊。隨著候選人和選民的增加，「形式的民主」必將越來越遠離「實質的民主」。

第三課　秩序與規範：拿什麼來保證人的權利

哈佛教授約翰．羅爾斯認為，處在原始狀態中的各方都是平等的，在選擇的過程中，所有的人都擁有相同的權利，作為有道德主體、有自己關於善的觀念和正義感的人，他們彼此之間都是平等的。在此基礎上，羅爾斯將正義分解為兩個原則：

第一，每一個人都有平等的權利去擁有可以與別人的類似自由權並存的最廣泛的基本自由權。第二，對社會和經濟不平等的安排應能使這種不平等不但可以合理地指望符合每一個人的利益，而且與向所有人開放的地位和職務聯繫在一起。

基於契約的社會一定可靠嗎

傳說，在上帝造人之後，人請求上帝：「上帝啊，我們太弱小了。請你再創造一個英雄吧，讓他保護我們。」上帝說：「英雄在保護你們的同時，也會欺壓你們。」

後來為了抵禦各種外來的風險，人類自己創造了一個利維坦，創造了一個能讓他們有歸屬感的龐然大物——政府，但政府這個利維坦有雙面的性格。它由人組成，也由人來運作，因此也就具有人性的那種半神半獸的品質，它在保護人的同時，也會吃人。所以，就有了人類社會的最高理想，就是把利維坦關進籠子裏一說。

英國政治思想家湯瑪斯．霍布斯於一六五一年出版了他的著作——《利維坦》，主要描述自然狀態中人們在不幸的生活中都享有「生而平等」的自然權利，又都有渴望和平和安定生活的共同要求，於是出於人的理性，人們相互間同意訂立契約，放棄個人的自然權利，把它託付給某一個人或一個由多人組成的集體，這個人或集體能把大家的意志化為一個意志，能把大家的人格統一為一個人格；大家則服從他的意志，服從他的判斷。

社會契約，是社會的一種模型，是每個人都可以理解的一種簡化結構。如果派克和蘇珊簽訂了一份契約，那麼兩個人都同意辦某事，期待從對方那裏得到自己想得到的利益，如派克同意付出勞動，蘇珊同意支付報酬。

社會的最基本特點是妥協。為此，我們都必須作出一些相應的犧牲，不能想做什麼就做什麼。我們必須尊重周圍的人，因為我們要從別人那裏獲利。他人可以為我們提供幫助與保護，完成我們自己不能完成的所有其他事情。我們跟他們的關係就像是一個契約，因為我們放棄某些事情，作為交換，我們從別人那裏得到一些東西。彼此妥協是社會的基礎，雖然沒有簽訂所謂的真實的契約。

「簽約」的人們必須是理性的。他們不能僅僅看眼前利益，必須從長遠利益出發。他們能控制住自己的衝動，為了獲取長遠利益而犧牲現在的利益。他們能夠進行抽象思維，知道看不見的利益以及後期才能產生的利益，就像參加保險和危險救助一樣。

「簽約」的人們必須是社會性的。他們必須是合作的，也就是說他們想跟別人一起工作，因為跟別人在一起比自己單打獨鬥好很多。他們必須願意相信別人，願意成為交換雙方中的一方。

由此，我們認識到了個人極其理性、社會性和甘願妥協的重要性。但社會契約論的真正力量在於它能夠解釋兩個重要問題。它突出了在訂立契約時所需的態度，這個理論解釋了社會的起源問題。正是這些態度創造了社會並維持這個社會。社會是逐漸成長起來的，就像人們會變得越來越理性、社會性和能夠訂立契約一樣。因此，社會契約論揭示了人性的基礎而不是假設有一些歷史上存在的契約。

這個理論給「為什麼公民要遵守法律」提供了一個令人信服的答案。生活在社會中，遵守社會的法律，就像訂立了一個契約。那麼，是什麼原因使得人們心甘情願地信守契約呢？主要有兩個原因：一是有一個基本的道德責任去履行自己的諾言；一是能從契約中獲益。打破規矩就是否定自己。

遵守法律是為了獲得長遠的利益。在社會中，公民要遵守法律，因為他們已經同意放棄一部分自由，他們不得不接受法律的約束。他們生活在一個具有穩定法律的社會裏，因此也大大獲益，他們作出犧牲就是為了贏得這種獎賞。

這就是社會契約有那麼長時間的生命力，而且非常受人尊敬的原因所在。

不帶劍的契約只是一紙空文

兩兄弟總是為玩具吵架，哥哥老是搶弟弟的玩具。不耐煩的父親宣佈：好好去玩，不要吵我；不然的話，不管你們誰向我告狀，我就把你們兩個都關起來。被關起來與沒有玩具相比，情況更加糟糕。後來，哥哥又把弟弟的玩具搶去了，弟弟沒有辦法，便說：「快把玩具還給我，不然我要告訴爸爸。」

哥哥想，你真的告訴爸爸，我是要倒楣的，可是你不告狀的話只不過沒玩具玩，告了狀卻要被關起來，告狀會使你的境況變得更壞，所以你不會告狀。因此，哥哥對弟弟的警告置之不理。如果弟弟是會計算自己利益的理性人，他還是會選擇忍氣吞聲的。

在沒有一個共同權力使大家懾服的時候，人們便處在所謂的戰爭狀態之下。這種戰爭是每個人對抗每個人的戰爭。於是，人的生活就變得孤獨、可憐、可憎、粗野、短暫。

霍布斯認為，身陷這般卑劣殘酷的敵對中的個體怎麼可能存活？用什麼方法才能將這種前景暗淡的原始狀態發展成為某種形式的社會或政治組織呢？他的答案是「一個讓所有人畏懼的統一權力」。

在霍布斯看來，每個人的自然傾向就是追求自己的利益，只有滿足個人利益才會合作。唯此可以避免戰爭狀態和「孤獨的、可憐的、可憎的、粗野的、短暫的」人生。

如果是這樣，那自然狀態下的人為何不輕而易舉地一致同意合作呢？合作絕非易事，因為遵從一項契約總要付出一定代價，而不遵從往往可以帶來收益，至少在短期內是這樣。

但是，問題又會接踵而來，我們如何肯定別人不會先違反契約以獲利呢？

的確，他們肯定會追求這樣的利益，所以最好的方法是你先踐踏契約，如果是這樣，其他人都照此推理，那就不會有信任了，因而也不會達成協定了。

這時，霍布斯總結道：「沒有權利，契約便只是一紙空文。」需要某種外在形式的權力或約束力，強制人們遵守可以惠及全體的契約——所有人都遵守的話。

所以需要引入懲罰機制：誰違約，就要處罰他，使他不敢違約。一位玩家之所以會與另外一位合作，只是因為他知道，如果他今天被騙，明天還能對欺騙實施懲罰。

只有對不合作的人進行懲罰，違約的問題才可能解決。一句話，也就是實行一份帶劍的契約，用懲罰來保證合作。

但是，這裏需要注意的一個問題是，懲罰機制的建立只是保證合作的第一步，合作能否達成的關鍵還在於懲罰機制所設置的威脅是否具有可信度。

如果雙方確實旗鼓相當，但某一方可能懷有賭徒心理，認定自己更強大，採取背叛的策略能佔便宜。愛克斯羅德的分析忽視了這種情形，而這種事實或心理恰恰是引發兩敗俱傷和一敗塗地的罪魁禍首。

在歷史上，因為權益的紛爭也時常存在「討價還價」之事。在現代英國君主立憲政體的理論奠基人霍布斯看來，「不帶劍的契約不過是一紙空文，它毫無力量去保障一個人的安全」。所謂的「帶劍的契約」，無非就是一種博弈中的懲罰機制，也可以視為一種威脅。

博弈的雙方在「保留價格」這張底牌的基礎上，一定要把握好「威脅與承諾」的分寸。博弈的一方之所以「討價」從某種意義上說就是一種「威脅」，而另一方的「還價」事實上就成了一種「承諾」。而雙方合作的關鍵就是承諾與威脅的可信度有多大，如果可信度高，約束力就大。

協議並不一定就能達到公平

在拉封丹的寓言《鼠盟》裏，有一隻自稱「既不怕公貓也不怕母貓，既不怕牙咬也不怕爪撓」的鼠爺。在牠的帶領下，老鼠們簽訂協議，組成了對抗老貓的聯盟，去救一隻小老鼠。結果，面對老貓，「老鼠不敢再大吵大鬧，個個望風而逃，躲進洞裏把小命保，誰要不知趣，當心老貓」。鼠盟就這樣瓦解了，協議最終變成了一紙空文。

人們會產生這樣的疑問：不是已經達成協定了嗎？難道協議不是公平的嗎？

當兩個人做一項交易的時候，合同會使那些產生於它們的各種條款正當化。然而，實際的合同並非道德工具。兩人做交易的這一事實，並不能使這項交易就是公平的。

比如一部憲法，它也很容易受到像其他協議一樣的質疑。憲法是由人們認可的，這是一個事實，但並不能證明其所有條款就是公正的。比如說，一七八七年的美國憲法，雖然被費城的代表所認可以及後來被國家所認可，雖然它存在著諸多優點，可是它卻由於認可奴隸制而被玷污了，這一瑕疵一直保留到內戰以後。

人們可能會認為，這一瑕疵可以追溯到同意的不足。因為作為奴隸的非洲裔美國人，並沒有被包括在立憲會議當中，婦女也沒有，後者直到一個多世紀之後才贏得了選舉權。一個更具代表性的會議很可能會產生一部更加公正的憲法；可是，這只是一種推測。沒有哪一種社會契約或立憲會議，無論多麼具有代表性，都不能保證產生出社會合作的公平條款。

認識到這些合同並不賦予它們所產生的那些條款公平性，並不意味著我們可以隨意違反這些協議。我們可能有責任履行一個甚至是不公平的交易。同意很重要，即使對公正而言還有其他重要的東西。然而，它並不像我們有時候想像的那樣具有決定性。我們經常將同意的道德作用與其他義務之源混淆在一起。

假設有這樣一筆交易：甲答應給乙五百本書，乙答應付給甲兩萬美元。於是，甲運來了五百本書，乙收貨之後卻拒絕付錢。這時，甲就會要求乙償還他兩萬美元，甚至可能會訴諸法律，要求賠償，因為乙有義務償還他從甲那得來的利益享受。

讓我們接著來看下面的假設：甲和乙做了同上面一樣的一筆交易，不過這一次，在甲把書運到乙門前的時候，乙改變主意了，拒絕收貨。甲仍然想收錢，而乙說：「我不欠你任何東西，這一次我並沒有獲利。」這個時候，甲可能要提起違約損害賠償，不過，甲也可能會訴諸他在印刷、運輸方面所做的辛苦工作，並指望乙會購買它們。乙可能會說，我有義務支付那由於我而讓你所付出的努力的費用。

再看下面的假設：這一次，甲和乙仍然做了同樣的交易，然而，過了一會兒，在甲還沒有花費時間運輸圖書之前，乙打電話給甲：「我改主意了，不想要那些書了。」那麼乙是否仍然欠甲兩萬美元呢？甲是否會說「交易就是交易」，並堅持認為「乙同意」這一行為本身就已產生了一種義務，即使沒有任何利益或依據？

關於這一問題，法律思想家們爭論了很久。承諾本身能夠產生一種義務嗎？是否也需要某種利益或依賴的因素呢？答案是只要實際的合同實現了兩種理想——意志自由和互惠，那麼它們就具有道德分量。

作為自願的行為，合同體現出的是我們的意志自由；它們所產生的義務之所以具有分量，是因為它們是在意志自由的基礎上選擇的。我們自由地、自主地承擔它們。作為相互謀取利益的手段，合同利用了互惠性的理想；履行這些合同的義務，產生於那種償還他人給我們提供的利益的義務。

實際上，意志自由和互惠性都沒有完全實現，只不過是人類的理想而已。有些協議儘管是自願的，卻不是相互獲利的；而有時候，我們可能僅僅基於互惠而有義務償還一種利益，甚至都不需要合同。這便指出了同意的道德局限性：在某些情形中，同意並不足以產生一種具有道德約束力的義務，而在另一些情形中則不需要同意。

規則永遠是體現強者的意願

狐狸碰到狼，被狼打了一巴掌。

狐狸問：「為什麼？」

狼說：「叫你不戴帽子！」

第二天，狐狸戴著帽子在街上碰到了狼，又被狼打了一巴掌。

狐狸問：「怎麼又打我？」

狼說：「叫你戴帽子！」

第三天，狐狸找到「森林大王」老虎投訴，老虎答應幫忙解決。

第四天，狐狸經過老虎家的門口，聽見狼在屋裏被老虎訓話：「你也太笨了，狐狸都來投訴了，你這不是叫我為難嗎？話也不會說，你要是想打狐狸，就應該吩咐狐狸去給你拿洗衣服的東西，如果狐狸拿的是肥皂，你就打牠，說你要的是洗衣粉；如果狐狸拿的是洗衣粉，你也可以打牠，說你要的是肥皂。」

第五天，狐狸又碰到了狼，狼說：「狐狸，你去給我拿洗衣服的東西。」

狐狸問：「你是要洗衣粉還是肥皂？」

狼心想：「這狐狸真聰明！難不住牠。」

於是狼又打了狐狸一巴掌，並說：「叫你不戴帽子。」

在狼面前，狐狸是弱小的，狼是規則的制定者，牠想打狐狸，可以找任何理由。

規則永遠體現的是強者的意願。例如，一個國家的法律體現的是一個國家的規則，一國的法律也是體現統治階級意志的。在最古老的法律——《古羅馬法》中，規定了奴隸是奴隸主的私人財產，奴隸也是可以買賣的。這就充分體現了奴隸主階級的意志。

在社會中，公民必須要遵守法律，因為他們已經同意放棄一部分自由，那麼，他們就不得不接受法律的約束。他們生活在一個具有穩定法律的社會裏，因此也大大獲益。這些合理審慎的人之所以能夠遵守法律是為了獲得長遠的利益。換句話說，我們擁有足夠的理由去遵守法律，這是一個純道德的理由。這就是政治強有力的合法化權威性。

此外，由於法律是最低限度的道德，所以法律必須符合該社會的道德底線才能使其獲得正確性。

經濟基礎限定了法律的目的，社會性質設定了法律的性質，政治狀況對法律加以調整之後，我們還需要國家賦予權利來保障法律的實施。空洞地頒佈一項法律並不一定能使其在社會中通行，這時候的法律有了形而上的正確性，但缺失形而下的正確性，也就是執行力。當我們引入國家暴力機關作為法律施行的後盾和震懾時，法律在某種意義上才具有了權威性。

第五篇　命運到底在誰手中

第一課　選擇的困境

人生本就是一趟沒有回程的旅程，與什麼人同行、選擇什麼樣的沿途風景，這是上帝賦予每個人的權利。

抉擇是一門人生藝術，無論怎麼決定都會付出代價。我們需要做的是選擇對命運最有利的那一面。

哈佛教授約翰·艾勒斯曾經說過，並不是付出就能有回報，關鍵在於你選擇了什麼。選擇什麼，你就會得到什麼，但是如果你什麼都想選擇，那麼往往最後什麼都不會選擇你。

你是那頭布裏丹毛驢嗎

選擇的過程就是放棄的過程，選擇一種可能性，等於放棄了其他的可能性。這一邏輯帶來了一種巨大的困境：選擇越多，失去越多，後悔越多，痛苦越多，就像泰倫斯所描繪的「我周圍都是洞，到處都止不住地在流失」。那麼，如果你不做選擇呢？

哲學家布裏丹養了一頭小毛驢，他每天向附近的農民買一堆草料來餵養牠。

這天，送草的農民出於對哲學家的景仰，額外多送了一堆草料放在毛驢旁邊。這下子，毛驢站在兩堆數量、品質和與牠的距離完全相等的草料之間，左右為難。牠雖然享有充分的選擇自由，但由於兩堆乾草價值相等，客觀上無法分辨優劣，於是牠左看看，右瞅瞅，始終無法分清究竟選擇哪一堆好。

於是，這頭可憐的毛驢就這樣站在原地，一會兒考慮數量，一會兒考慮質量，一會兒分析顏色，一會兒分析新鮮度，猶猶豫豫，來來回回，在無所適從中活活地餓死了。

那頭毛驢之所以餓死，原因就在於牠什麼都不想放棄，從而將自己置於選擇的困境，並最終餓死。

我們每一個人在生活中也經常面臨種種抉擇，如何選擇關係到人生的成敗得失，因而人們都為了得到最佳的抉擇，常常在抉擇之前反覆權衡利弊，再三仔細斟酌，甚至猶豫不決，舉棋不定。但是，在很多情況下，機會稍縱即逝，並沒有留下足夠的時間讓我們反覆思考。如果我們猶豫不決，最終就會兩手空空、一無所獲。

一六三一年，英國劍橋商人霍布森從事馬匹生意，他說：「所有人買我的馬或者租我的馬，價格絕對便宜，並且你們可以隨便挑選。」霍布森的馬圈很大，馬匹很多，然而馬圈只有一個小門。高頭大馬出不去，能出來的都是瘦馬、小馬，來買馬的人左挑右選，不是瘦馬，就是小馬。可以看出，這種選擇是在有限空間裏進行著有限的選擇，無論你如何思考、評估與甄別，最終得到的還是一匹劣馬。後來，管理學家西蒙把這種沒有選擇餘地的所謂「選擇」譏諷為「霍布森選擇」。

對於個人決策來說，如果陷入霍布森選擇的困境中，就不可能發揮自己的創造性。道理很簡單，任何好與壞、優與劣，都是在對比選擇中產生的，只有擬訂出一定數量和質量的方案對比、選擇、判斷才有可能做到合理選擇。只有在許多可供對比選擇的方案中進行研究，並能夠在對其瞭解的基礎上進行判斷，才算得上判斷。因此，沒有選擇餘地的「選擇」，就等於無法判斷，就等於扼殺創造。

一個企業家在挑選部門經理時，往往只局限於在自己的圈子裏挑選人才，選來選去，再怎麼公平、公正和自由，也只是在小範圍內進行挑選，很容易出現霍布森選擇的局面，甚至出現「矬子裏面拔將軍」的狀況。「當看上去只有一條路可走時，這條路往往是錯誤的。」毫無疑問，只有一種備選方案就無所謂擇優，沒有了擇優，決策也就失去了意義。

人生充滿了選擇，我們總要在幾個可供選擇的方案中做出決斷。只要決定了某一種選擇，從長遠來看，任何選擇都是對的。一旦選擇成為事實，它就會進而產生一系列的事實，最後這些事實就鋪天蓋地完全籠罩你，並且使你自己也成為事實的一個組成部分，你不可能再去否定它，因為否定它等於否定你自己。

實際上，霍布森選擇一直在我們的生活中存在。從理論上說，你總是有許許多多的選擇，但因某些限制的存在，減少了你選擇的範圍，事實上只提供了唯一的選擇項。美國汽車大王亨利．福特曾經說：「你可以訂白色的、紅色的、藍色的、黃色的、黑色的，訂什麼顏色的汽車都可以，但是我生產出來的汽車只有黑色的。」固執的福特踐行了霍布森選擇。

在商業競爭不發達的社會，霍布森選擇很多見。比如多年前昂貴的電話安裝費，你根本沒有選擇的權利。現在的商品經濟中，生產資料日益豐富，在面臨多種選擇時，人們往往會感到迷茫。走進超市，面對各種品牌的同類商品，人們往往會有點無從下手，不知道自己該選擇哪個，很擔心自己會選擇到品質差的產品。誰能保證自己的選擇就一定是正確的呢？如果只有一種商品可供選擇，人們對該商品的認知已經很清晰，不再有這些擔心，至少可以只選擇買或不買，這樣便可以節省選擇的機會成本。由此看來，霍布森選擇並不是一無是處。

當然，絕大多數人還是希望擁有更多的選擇機會，以便自己盡可能做出理性決策。因此，我們理應利用自己的智慧，洞悉並拒絕所謂的霍布森選擇，為自己創造盡可能多的選擇機會。

當選擇轉變為一種抉擇

正如哈姆雷特所說，「生或死，這是個問題」，生命同樣如此，是絢爛還是頹廢，都是自己的選擇。是庸庸碌碌虛度一生，最後追悔莫及，還是踏踏實實走好每一步，到生命盡頭可以毫不猶豫地說此生無憾，一切的一切，全取決於自己。

自己選擇的，就要承擔這種選擇所帶來的一切責任。正是因為這樣，自由才顯得如此沉重。

有一個問題經常會被大多數女人提及：「如果有一天我和你母親一起掉進水裏，你會先救哪一個呢？」這個問題確實很難回答，因為對於這樣的情況，任何人都不可能置之不理，至少都得跳進水去。然而，就算你可以把兩個人都救出來，這個「先」字卻讓人陷入兩難的抉擇之中，其中體現的是一種孰近孰遠的抉擇。抉擇之所以被稱為抉擇，是因為你要在「擇」的基礎上「抉」出一種大義凜然來。

有人說應該先救母親，因為妻子可以再娶，母親卻只有一個；也有人說應該先救妻子，因為即使妻子可以再娶，但感情不能再複製，所以也是唯一的，而母親反正年齡也大了，即使活也活不了多少年。當然，後者的回答必然會遭到世人的唾棄與責罵，但我們也不能因為懼怕群眾的指責能輕易地做出抉擇。因為幾乎對於所有人來說，不管你多麼振振有詞，真要面臨這種情況大概也是束手無策的，有時候大道理和自己的思想傾向是兩回事。

不過，對於這樣一個讓成人左右為難的問題，一個天真的孩子卻給出了簡單而乾脆的答案：「哪一個離我近我就先救哪一個。」這就叫抉擇，即抓住那時離自己最近的東西，對人如此，對事也應該這樣。所以我們不得不承認：抉擇是一件難事，甚至很像賭博，而更多的時候是沒有辦法用理智就能解決的，而選擇了離自己最近的那一個或許是最明智的選擇。

抉擇是不會等待人的，不要為了試圖奢望得到最理智、最正確的答案而猶豫不決，因為無論你花費多少心思去思考，這個所謂的「正確答案」是根本得不到的，而且也根本不存在。一般來說，緊急情況下你本能地認為應該的那個選擇就是正確的，而且既然做出抉擇就永遠不要回頭。

人如果只能生活在一種狀態下，別無其他選擇，那麼，他只能生活在一種不自由的狀態中。但是，如果選擇太多，沒有了限制，又會如何呢？人的選擇多了，受的限制少了，自由度也就增加了。但是，這並不能代表人活得就輕鬆了，相反，人的選擇越多，人往往就會活得越沉重、越痛苦，特別是人必須在眾多選擇中做出抉擇的時候，人需要承擔的是對自己的命運的責任。

當你面前擺著很多條路，而你只能選擇其中的一條時，問題就會隨之而來，困惑也會隨之而來，因為一旦你選擇其中的一條路就無法選擇其他路了，而你在事情發生之前又無法比較選擇哪條路會對你更有利。

兩難選擇往往讓人很難受，但選擇太多了，也未必是好事，因為在自由面前，你必須為自己的選擇承擔代價與責任。所以，自由並不是一個輕鬆的字眼，在古希臘，「自由」一詞本身就有「刑罰」的意思。正如海德格爾所說，當選擇變為一種抉擇的時候，自由對人來說無異於刑罰。

命運只是生命的旁觀者

在希臘神話中，人類是普羅米修士創造的。普羅米修士也充當了人類的教師，凡是對人有用的，能夠使人類滿意和幸福的，他都教給人類，因此受到人類的敬佩和愛戴。但最高的天神宙斯卻要求人類敬奉他，讓人類拿出最好的東西獻給他。普羅米修士作為人類的辯護師觸犯了宙斯。宙斯出於對普羅米修士的嫉妒與憎惡，禁止人類用火以示對他的懲罰。這時，普羅米修士就幫人類從奧林匹斯山偷取了火種，因此觸怒宙斯。宙斯將他鎖在高加索山的懸崖上，每天派一隻鷹去吃他的肝，又讓他的肝每天重新長上。

普羅米修士就這樣承受了上千年的痛苦，直至大力士赫拉克勒斯用箭射死神鷹，用石頭砸碎鐵鏈，將他解救出來為止，他一直忍受著難以描述的痛苦和折磨。

普羅米修士擁有超人的智慧，甚至能夠背著宙斯把火種盜取出來，但是他卻無法擺脫被鷹啄食肝臟的痛苦命運。這正是希臘神話中關於命運的悲劇。

每個人的背後都有一雙命運之手在操控，如果你陷入困境之時向命運求救，命運將如何回答你呢？加繆在《誤會》中似乎給出了無奈的答案。

一個母親帶著兩個孩子在一個山區開了家小旅館，但是生意並不如意。兒子十五六歲時就離家出走，到外面闖蕩。經過幾年的奮鬥，他賺了不少錢，也結了婚，但是常覺得不快樂，因為在他心裏「幸福不是一切，人還有責任。我的家人在山中受苦，我希望他們也能夠享福」。於是，他帶上妻子回去探望母親和妹妹。

在回家的路上，他忽然想到《聖經》中有關浪子回頭的故事，心想：「我比浪子好多了，浪子是揮霍家產，我可是賺錢回來給媽媽！那麼我應該會受到更好的待遇才對。」想到這裏，他希望給母親一個驚喜。他讓妻子住在另一家旅館，而自己一個人回了家。雖然他不斷給母親和妹妹暗示，但是母親和妹妹沒有認出他，對他很冷漠。

妹妹問哥哥：「聽說外面的世界很美麗，是嗎？」哥哥興高采烈地為妹妹描述外面的世界。然而他沒有想到的是，在他出去闖蕩的時候，妹妹與母親為了謀生，開始通過迷藥謀殺單身有錢的客人，搶奪他們的錢財。他描述得越生動，越註定了他非死不可的命運。

兒子看到母親和妹妹都記不起自己，很失望，喝了妹妹倒的茶後就上床睡覺了。半夜時母女兩人把他抬到水壩丟了下去，而旅館的老僕人撿到了哥哥掉在地上的身份證。母親知道自己竟然殺死了自己的兒子，於是決定上吊自殺。

雖然女兒阻止，但是母親認為自己連兒子都認不出來，沒有資格做母親了。女兒說：「可是你還有一個女兒啊！」母親卻說：「媽媽對兒子的愛與對女兒的愛是不同的。」於是自殺了。

女兒聽到媽媽的話後很生氣，這時，她未曾謀面的嫂子跑來找哥哥。妹妹把所有的一切告訴嫂子之後也自殺了，旅館裏只剩下嫂子一個人痛哭。

老僕人出來問：「怎麼這麼吵？」

這個孤獨無助的女人對老僕人說：「救救我吧！請你幫助我吧！」

老僕人說：「不！」

故事就此結束。加繆說，老僕人就是命運，命運在旁邊冷漠地注視著這一切。當你向它求助，希望它幫助你的時候，它給你的卻是冰冷的答案：「不！」為什麼會這樣呢？因為在加繆看來，痛苦是孤立的，沒有任何人可以幫助任何人，人不要指望命運。

生活中，人們在遭遇不幸和挫折時，往往會把這一切認為是命運的捉弄，既然命中註定自己要承受這樣的痛苦，與其掙扎著改變不如順應天命，默默承受。但事實告訴我們，沒有冥冥

之中的「命」，即使有，命運也是掌握在我們自己手中的，只要你有勇氣，你永遠是自己人生的主人。

當你不去掌控自己命運的時候，你就會被命運所掌控。那麼，在這個世界上，你就只能成為一個受命運擺佈的玩偶。換句話說，在你把自己交給命運的那一刻起，你已經沒有了靈魂，在這個世界上存在的只是你的肉體，一具行屍走肉而已。

人的命運一半是由外力造成的，一半是由自身設計的。如果我們不能改變我們周圍的際遇，那麼起碼也要掌控我們自己的內心。人生就如同一次柳暗花明的航行，只有勇敢者才能把握住自己的命運之舵。

人生僅有一次，上帝在這件事情上賜予眾生無與倫比的平等。我們又怎能將這僅有的一次生命讓命運做主呢？

向苦難的生活索取教義

「無論什麼，只要你在活著的時候應付不了生活，就應該用一隻手擋開點籠罩著你的生活的絕望……但同時，你可以用另一隻手，草草記下你在廢墟中看到的一切，因為你和別人看到的不同，而且更多。」一九二一年十月十九日，德國小說家卡夫卡在他的《日記》中寫下了這段話。這位長期生活在痛苦和孤獨之中的偉大文學家用左手揮去一戰前後彌漫的濃濃硝煙，用右手寫下了傳世的文字。

含著金湯匙出生的人畢竟是少數，一生順利的人更是少數中的少數。沒有人會給苦難的生活打上漂亮的蝴蝶結，但毋庸置疑，它仍然是一份珍貴的禮物。挫折、坎坷、苦難是大多數人必經的旅程，它們是人生最好的大學。

在生活中，我們需要借助挫折的力量提高自己。

一位學者應邀到一個美國軍事基地演講，美方派了一名士兵到機場迎接他。

這位士兵非常有禮貌，一見到學者就立刻上前敬禮致意，並陪他一起去取行李。剛走了幾步，士兵突然加快了腳步，趕幾步替前面一位老人拎起了箱子，把老人送上計程車才回到學者身邊。

但不一會他又離開了——他從一位被人群擠得站不穩的母親懷裏接過了她的孩子；後來，士兵又為了幫一位外國人指路走開了。

這一小段路上，士兵離開了學者三次，每次歸來時，他都笑得非常開心。學者問他：「你是從哪裡學到要這樣去做呢？」

「戰場。」士兵回答，「我親眼看著自己的戰友一個個倒下，我不知道下一個死去的會不會是我。每次抬腳和落腳之間，我都可能失去生命，所以那時候我開始懂得，每一步都是整個人生。」

學者問：「當時你的任務是什麼？」

「排雷。」

能夠在血腥的戰場上獲得生命的啟示，在生命朝不保夕的境遇裏思索存在的意義，這是多麼難得！充分利用抬腳與落腳間的間隙，把邁出的每一步都當成整個人生，這是士兵從殘酷的戰爭中獲得的經驗，也是使他的人生增值的籌碼。

面對苦難，這位士兵的內心之強大，真是令人不由得心生敬意。

初涉社會的年輕人往往帶著些年少的輕狂，認為自己所向披靡、無所不能，但心高氣傲與心灰意冷之間往往只有一線之隔，一個小小的挫折就可能像寒冷的冰水一樣澆熄他們所有的熱情。

沙粒化身珍珠的過程是漫長而艱難的，從中也說明了苦難是有價值的，它像一面三棱鏡，把單調的人生折射成繽紛的色彩。法國有位詩人曾寫下這樣的詩句：

我洗過無數車子
我擦過無數鞋子
它們愈是閃光
我愈是滿手污垢

若將後兩句話的次序顛倒一下，就更容易發現苦難的價值所在了：那無數骯髒的車子、沾染塵埃的鞋子，在我們的擦洗下變得異常潔淨，儘管雙手沾染了污垢，我們眼前卻是躍動的光亮。

苦難並不保證你一定會得到完全綻開的利益花朵，只能給你提供利益的種子。你必須找出這粒種子，並且以明確的目標栽培它並給它充足的養分，否則它不可能開花結果。上帝正冷眼旁觀那些企圖不勞而獲的人，而那些真正懂得生活的真諦的人，正是懂得如何向苦難的生活索取教義的人。

第二課　人生是創造還是享受

哈佛教授尼古拉斯．羅傑斯說過這樣一句話：「我創造，所以我生存。」人從出生的那一天起，就負有一個必須完成的義務：創造。誰在因循守舊，拾人牙慧，誰就註定要被歷史的車輪無情拋棄；誰在努力創造，另闢蹊徑，誰就勢必能主沉浮。

歷史是有選擇的，它的面容只給卓爾不群的那些人塗抹。弱者習慣跟隨，強者習慣開拓，在強者看來，無人走過的道路更容易留下深深的足跡，人類的文明史就是由這些人締造的。

女妖塞壬：享樂的誘惑者

享樂產生於富足和興奮的心靈之間的結合。起初，人們一見到它們的美貌，馬上覺得飄飄然，彷彿插上了翅膀。關於海上女妖塞壬的寓言用來指享樂的邪惡誘惑最合適不過了。

據說，塞壬是河神阿克羅斯和繆斯女神特耳西科瑞的女兒。她本來長有翅膀，但後來因為貿然挑戰繆斯，遭到失敗，繆斯拔掉了她的翅膀，為自己編織冠戴。從此，除了塞壬的母親特耳西科瑞以外，其他繆斯頭上都紮著翅膀。塞壬住在幾個風景宜人的島嶼上，時刻監視著過往的船隻。

看到有船駛近，她們就開始歌唱。水手先是停下來聽，後來慢慢地靠近，最後上岸。這時，她們會抓住水手，把他們殺掉。塞壬的歌曲並不總是一個調子，她們會根據聽者的稟性變換曲調，用最合水手胃口的歌曲把他們俘獲。

塞壬造成了巨大的災難，在她居住的島嶼四周，很遠就可以看到成堆的白骨。有兩種不同的方法可以對付這種災難，分別是尤利西斯和俄耳甫斯的方法。尤利西斯曾讓水手用蠟封住耳朵，但他希望聽一下歌聲，又不想招致危險，就把自己綁到桅杆上，同時禁止任何人冒險給他鬆綁，即使有他本人的懇求也不行。俄耳甫斯則是放聲歌唱，用琴聲讚美眾神，壓住了塞壬的歌聲，所以也安然無恙地通過了。

在誘惑面前，我們需要有一種敢於放棄的清醒，只有大膽地捨棄那些原本就不屬於自己的東西，才能按照最初的計畫走完自己的人生。可是在物欲橫流、燈紅酒綠的今天，人們往往追求一種外在的奢華的生活。但奢華不但不能提高生活質量，往往還會降低生活質量，使人耽於物質享受，遠離精神生活。

人活在世上，主旨應是享受生活的樂趣。我們時代的錯誤之一是把消費當做享受。消費和享受不是絕對互相排斥的，有時兩者還會發生重合，但它們之間的區別又是顯而易見的。純粹為了滿足慾望的色情活動只是性消費，靈肉與共的愛情才是性的真正享受；在遊覽景點走馬看花式地觀看只是旅遊消費，醉心於山水之間才是真正的享受；把電視、報刊、書籍當做解悶的媒介只是文化消費，啟迪心智的讀書和藝術欣賞才是真正的享受。可見，真正的享受必然是來自心靈的，其中必定包含了所謂「靈魂的愉悅和昇華」的因素。否則，即使花再多的錢，也只能被稱作消費。

享受和消費的不同相當於創造和生產的不同。生產和消費是屬於物質生活的範疇的，而創造和享受則是屬於精神生活的範疇的。

其實，人生有許多出於自然的享受，如愛情、友誼、欣賞大自然、藝術創造等，其快樂遠非虛名浮利可比，而享受它們也並不需要太多的物質條件。一般來說，我們把這類享受稱作對生命本身的享受。愈是自然的東西，就愈是屬於生命的本質，愈能牽動一個人的至深情感。

人的一生是短暫的，很快我們就將化為灰塵，或者一具骷髏、一個名稱，甚至連一個名稱也沒有。既然生命如此短暫，那在生活中被我們高度重視的東西也就是空洞的、易朽的和瑣屑的，至於那在可憐的肉體和呼吸之外的一切事物，要記住它們既不是屬於你的也不是你力所能及的。

保持自己的理性，放下世間的一切假像，不為虛妄所動，不為功名利祿所誘惑，一個人才能體會到自己的真正本性，看清本來的自己，否則只能使自己的心靈處在一種煩惱不安的狀態之中。

世上哪有不負責任的工作

有一次蘇格拉底見到一個多年未見的老朋友，問道：「猶泰魯斯，你現在在哪裡呢？」

猶泰魯斯回答道：「戰爭結束後我就回家了。戰爭奪走了祖上留給我的一切財產，讓我一無所有。我不得不自己勞動來維持自己的生活，這總比乞討好些。」

蘇格拉底問：「這樣的勞動你能做多久？要知道，當你年紀大了，可能就沒有人雇傭你工作了，而你那時還要養活自己的。」

猶泰魯斯說：「你說得不錯，那又有什麼辦法呢？」

蘇格拉底接著說：「你最好趕快去找一份工作，讓你老年時可以有所依靠。比如到一個需要助手的有錢人家做管家，幫他收割莊稼，照管財產。現在你幫他，以後他就會幫你。」

猶泰魯斯說：「我可不願意做一個奴隸。」

蘇格拉底說：「那些上層的社會很尊重他，並不因此把他看成奴隸啊！」

猶泰魯斯說：「但是，我不願意向任何人負責。」

蘇格拉底說：「猶泰魯斯，要找一份不負責任的工作太難啦。一個人無論做什麼，要想不犯錯誤很不容易。即使不犯錯誤而想不被人批評也是很難的。我想，就是你現在所做的工作，也難免會經常受到無緣無故的指責吧。你應該儘量去找那些體貼人的主人，做你自己力所能及的事，不做那些自己辦不到的事。無論做什麼事，都盡心竭力而為，這樣，你就可以避免受到指責，在困難時也就更容易得到幫助，生活得舒適而安穩，安享晚年。」

盡心盡力做好自己力所能及的事，而不要去做超出自己能力的事。這或許是蘇格拉底給我們最好的生活啟示。

我們既然在這個世界上生活，就不免要承擔相應的責任，小至對家庭、親戚、朋友，大至對國家和社會。這些責任多半是我們應該而且必須承擔的，但除此之外，我們還有一項根本的責任——對自己的人生負責。

每個人的生命都有且只有一次，沒有任何人能夠重新活一次。如果這唯一的一次人生虛度了，也沒有任何人能夠真正給予慰藉。一個人如果認識到這一點，對自己的人生怎麼能不產生強烈的責任心呢？從某種意義上來說，人世間有些責任是可以分擔或轉讓的，唯有對自己的人生的責任，每個人都必須完全由自己來承擔，絲毫依靠不了別人。一個不知對自己的人生負責任的人，必然也無法弄清自己在世界上的責任。因此，許多人對責任的承擔是完全被動的。

他們之所以會把一些做法視為自己的責任，不是出於自覺的選擇，而是由於習慣、時尚、輿論等原因。有的人把偶然卻又長期從事的某一職業當做自己的責任，而不去嘗試擁有真正適合自己本性的事業；有的人看見別人發財和揮霍，於是，就覺得自己也有責任拼命去賺錢、花錢；有的人十分看重別人對自己的評價，謹小慎微地為這種評價而活著。由於他們不曾認真地想過自己的人生使命是什麼，在責任問題上也就必然是盲目的。

一個人唯有對自己的人生負責，建立了真正屬於自己的人生目標和生活信念，才可能由此出發，自覺地選擇和承擔起對他人和社會的責任。歌德曾說過：「責任就是對自己要求去做的事情有一種愛。」因為有了這種愛，盡責本身就成了生命意義的一種實現方式，進而能夠從中獲得心靈的滿足。相反，一個不愛自己人生的人如何去愛他人及自己的事業，一個在人生中隨波逐流的人又如何去堅定地負起生活中的責任呢？實際上，這樣的人往往把盡責看做是外界給他的負擔而勉強承受，或者是看做純粹的付出而去索求回報。

對自己的人生的責任心是其餘一切責任心的根源。如果一個人能對自己的人生負責，那麼，在婚姻和家庭或其他社會關係上，他對自己的行為都會持有一種負責的態度。如果一個社會是由這樣一群對自己的人生負責的成員組成的，那麼，這個社會就必定是有效率的社會。

準備生活實際是摧毀生活

有一種小鳥叫寒號鳥。這種鳥與其他鳥不同，牠長著四隻腳和兩隻光禿禿的肉翅膀，不會像一般的鳥那樣飛行。

夏天的時候，寒號鳥全身長滿了絢麗的羽毛，樣子十分美麗，牠驕傲得不得了，覺得自己是天底下最漂亮的鳥了，連鳳凰也不能同自己相比。於是，牠整天搖晃著羽毛，到處走來走去，還揚揚得意地唱著：「鳳凰不如我！鳳凰不如我！」

秋天到來時，鳥兒們都各自忙開了，牠們有的開始結伴飛到南邊，準備在那裏度過溫暖的冬天；有的留下來，整天辛勤忙碌，積聚食物，修理窩巢，做好過冬的準備工作。只有寒號鳥，既沒有飛到南方去的本領，又不願辛勤勞動，仍然是整日東遊西蕩的，還在一個勁地到處炫耀自己身上漂亮的羽毛。

冬天來了，天氣寒冷極了，鳥兒們都歸到自己溫暖的窩巢裏。這時的寒號鳥，身上漂亮的羽毛都脫落光了。夜間，牠躲在石縫裏，凍得渾身直哆嗦，不停地叫著：「好冷啊，好冷啊，等到天亮了就造個窩啊！」等到天亮後，太陽出來了，溫暖的陽光一照，寒號鳥又忘記了夜晚的寒冷，於是牠又不停地唱著：「得過且過！得過且過！太陽下面暖和！太陽下面暖和！」

寒號鳥就這樣一天天混著，過一天是一天，一直沒能給自己造個窩。最後，牠沒能混過寒冷的冬天，凍死在岩石縫裏了。

寒號鳥的悲劇在於牠的得過且多，總是在準備著，卻沒有真正付諸行動，為自己建造禦寒的暖窩，最終讓自己凍死在冰天雪地中。

「等我長大了，我會做的。」

「等我上完學，等我結了婚，我會好好地享受生活的。」

「等我有了孩子，等我給兒子成了家，或者等我發了財，或者等我上了年紀，我會那樣安排好的。」

無論孩子、成人還是老人，都曾說過類似的話。當說完這些話的時候，我們無法知道自己是否有機會來做，死亡隨時會打斷我們生活的計畫。

希波克拉底一生中不知救治過多少病痛傷者，而他自己最終也難逃染病身亡的結局；占卜師們對很多人的死亡作出了預言，但也無法擺脫這一命運降臨在他們的頭上；亞歷山大和凱薩，一生攻城掠地不計其數，但他們自己最終也難逃死亡的符咒；赫拉克利特對宇宙間的大災大難做了很多的思考與推測，他自己卻因水腫病而死，而且臨終時得到的是全身淤泥覆蓋的慘相；德謨克利特被小人搞誣陷的身敗名裂，而蘇格拉底則被小人背後捅了一刀。

無論是醫治百病的神醫、占卜命運的占卜師、身經百戰的大英雄，還是洞悉人性真相的哲學家，我們不能否認這些人對生活、生命、死亡是有充足的準備的，但是這些人中卻沒有人能夠準確預料到生活中的不幸，更沒有人能夠準確占卜到死亡會何時降臨。人類的一生都在為未來準備著，但唯獨對現在沒有準備。「現在我可以暫時不去做眼下該做的事，因為我還有更重要的人生大事等著我為其做準備。」人往往這樣對自己說。

這種論調的謬誤就在於，人放棄現在的、唯一有實際意義的生活，而把它寄託於未來，這是一種荒唐的想法，因為未來並不屬於任何一個人。

為了不陷入這種邪念之中，我們應當明白和記住，我們沒有時間去為未來籌備一切，必須在自己存在的此時此刻以最佳的方式生活。因此，人必須在每時每刻盡全力生活，以完成降臨世上所肩負的、唯一能賦予他真正幸福的使命。人在生活中必須懂得，每時每刻都可能會被剝奪完成這個使命的機會。

不管你是身陷囹圄還是百病纏身，不管你失去了什麼外在的行動能力，不管你受到了什麼樣的欺侮和折磨，你的內心都是在你的掌握之中的。你可以在思想上譴責、非議、妒忌、憎恨他人，也可以在思想中克制這些情感，而代之以善良的意願。你生活中的每一分鐘都是屬於你的，任何人也無法從你手中把它們搶走，關鍵在於你如何把握當下的每一刻。

當我們把希望寄託於未來，為未來做準備的時候，其實這就等於我們不想要我們現在擁有的東西，而想要此刻沒有的，甚至是未來也不存在的東西。我們永遠都應該為我們此刻擁有的而高興，永遠都可以盡我們所有的力量去做現在可以做的事。

在分享中溫暖彼此的生命

一位生前經常行善的基督徒見到上帝，他問上帝天堂和地獄有何區別。於是上帝就讓天使帶他到天堂和地獄去參觀。

到了天堂，在他們面前出現了一張很大的餐桌，桌上擺滿了豐盛的佳餚。圍著桌子吃飯的人手中都拿著一把十幾尺長的勺子。不過令他不解的是，這些可愛的人們都在相互餵對面的人吃飯。可以看得出，每個人都吃得很愉快。天堂就是這個樣子呀！他心中非常失望。

接著，天使又帶他到地獄參觀。出現在他們面前的是同樣的一桌佳餚，他心中納悶：天堂怎麼和地獄一樣呀！天使看出了他的疑惑，就對他說：「不用急，你再繼續看下去。」

過了一會兒，用餐的時間到了，只見一群骨瘦如柴的人來到桌前入座。每個人手上也都拿著一把十幾尺長的勺子。可是由於勺子實在太長了，每個人都無法把勺子內的飯送到自己口中，這些人都餓得大喊大叫。

懂得與人分享是一種聰明的生存之道。如果我們能夠摒棄自私的行為，並且能夠為別人付出，這樣做從某種程度上就是幫助了自己。因為，當今世界是一個崇尚合作的世界，沒有一個人能夠承擔全部重任，一個人的價值往往就體現在與別人的互助上。因此，與別人分享自己所擁有的，我們才能真正找到屬於自己的位置和方向，也才能使自己的價值最大化。

陀思妥耶夫斯基二十多歲時寫了一部中篇小說《窮人》，學工程專業的他怯生生地把稿子投給《祖國紀事》。編輯格利羅維奇和涅克拉索夫傍晚時分開始看這篇稿子，他們看了十多頁後打算再看十多頁，然後又打算再看十多頁，一個人讀累了，另一個人接著讀，就這樣一直到晨光微露。

他們再也無法抑制住激動的心情，顧不得休息，找到陀思妥耶夫斯基的住處，撲過去緊緊把他抱住，激動得流下了眼淚。涅克拉索夫性格孤僻內向，但此刻也無法抑制自己激動的心情。他們告訴這個年輕人，這部作品是那麼出色，讓他不要放棄文學創作。

之後，涅克拉索夫和格利羅維奇又把《窮人》拿給著名文藝評論家別林斯基看，並叫喊著：「新的果戈理出現了。」別林斯基開始不以為然：「你以為果戈理會像蘑菇一樣長得那麼快呀！」但他讀完作品以後也激動得語無倫次，瞪著陌生的年輕人說：「你寫的是什麼？你瞭解自己嗎？」平靜下來以後，他對陀思妥耶夫斯基說：「你會成為一個偉大的作家。」

陀思妥耶夫斯基做出了反應：「我一定要無愧於這種讚揚，多麼好的人！多麼好的人！這是些了不起的人，我要勤奮，努力成為像他們那樣高尚而有才華的人！」

後來陀思妥耶夫斯基寫出了大量優秀的小說，成為俄國十九世紀經典作家，被西方現代派奉為鼻祖。

格利羅維奇、涅克拉索夫、別林斯基因各自的成就贏得了人們的尊敬，但同樣令人們尊敬的是他們騰出一隻手托舉一個陌生人的行為。而且從一開始他們就預料到這個年輕人的光芒將蓋過自己，但他們連想也沒想就伸出了自己的手。

生活中更多的「騰出一隻手」者默默無聞，因為不是每一個人都能像陀思妥耶夫斯基那樣成為「不再重放的花朵」。然而「騰出一隻手」給別人，在於過程而不在於結果。無論被托舉者最後是否偉大，無論「騰出一隻手」者能否得到回報，都不影響這一行為的價值。

馬塞爾說：「人生就是一場旅行。」人活在世界上都只是旅客，而不是歸人。既然只是旅客，又何必在意自己「有」什麼呢？我們應該在意的是自己「是」什麼，如何「做自己」。人生的一切，最後都不能帶走，我們要懂得與人分享的道理，明白只有在與人分享的過程中才能真正實現自身的價值。

第三課　如何征服死亡的恐懼

死亡最可怕的地方不在於讓你丟失未來，而在於讓你沒有了過去。實際上，遺忘是死亡的一種形式，貫穿於一個人的整個人生。

在哈佛大學，死亡課也是一門備受學生歡迎的課程。對於某些人來說，通過對死亡的學習和研究，對於死亡的縝密審視可以帶來新的認識，這些見解有助於驅散或消除長期壓在心頭的焦慮感和恐懼感，有利於人們對自身價值進行重估，並且能夠產生一種與他人以及與生活本身更易於相處的彼此舒適的關係。

死亡充斥著生活，離我們很近

吉爾伽美什是烏魯克的君主，但暴虐無度。他的人民只能求助於諸神，創造女神阿魯魯便製造了恩奇都。恩奇都在神妓的誘導之下來到烏魯克與吉爾伽美什大戰一場，後來英雄相惜，結為好友。

吉爾伽美什與恩奇都同心協力，砍死了殘害人類的森林魔怪勞巴巴，殺死了危害烏魯克居民的天牛。但因殺死天牛，得罪了天神，他們受到了天神的懲罰，兩人中一定要死去一個，結果恩奇都死去了。

恩奇都的死亡使吉爾伽美什受到觸動，並開始了艱難跋涉，向烏特納比西丁——大洪水唯一生還者和永生者探索生死奧秘。他歷盡艱辛終於獲取了永生之草，但不幸被蛇偷吃。吉爾伽美什只得返回烏魯克。

吉爾伽美什通過沙馬什創造的生死通道與恩奇都對話，恩奇都向他描述了死後世界的陰暗悲慘。吉爾伽美什這才意識到死亡是無法避免的，即使是最偉大或者最勇敢的英雄也是如此。

現在，隨便拿起一張報紙或者在新聞網站隨意打開一個網頁，你就很可能會發現各種各樣的與暴死、凶殺有關的事故、謀殺、自殺和災禍的報導。

死亡如影隨形、無處不在。從孩提時開始，人們便開始注意到林林總總的死亡痕跡：枯萎的落葉、凋謝的花朵、死去的昆蟲、病死的寵物、去世的祖父母……一望無際的墓地呈現在孩子們面前。

死亡是最具個體化的，同時也是最為平等的。在生死關頭，誰也不比誰強，誰也不比誰弱，尤其是誰都不可能置身事外。在臨死之際，任何人都完完全全只是自身，不可能是他人，正如我們在出生時帶來了世界上從未有過的東西，死後也帶走了世界上再也不會出現的東西。

死亡也是隨時都有可能降臨的。從我們來到這個世界之日起，我們就不得不準備迎接死亡的到來。沒有人年輕得不能死，也沒有人年老得不能再活一天。就算我們再年輕、再健康，死亡也從不會停止對我們的窺視。無論是死於意外還是死於犯罪，在年輕、健康時死去並不是一件罕見之事。死亡距離我們很近，我們必須做好充足的準備去面對。

當泛美航空公司第一〇三號航班客機被恐怖分子的一枚炸彈擊落時，蘇塞．洛溫斯坦的兒子不幸成為遇難者之一，為了表達自己的喪子之痛，作為雕刻家的蘇塞．洛溫斯坦雕刻了一系列裸體女人像，最終組成一個名為《陰鬱的挽歌》的展覽。呈褐土色、比真人還大的女人塑像表現出慘烈的痛苦。談到這次創作，洛溫斯坦說：「一個接一個，她們來到了我的工作室，走上一個擺放塑像的平臺。她們都緊閉雙眼，回到一九八八年十二月二十一日那個令人恐怖的時刻，當時她們獲悉親人橫遭不測了……這是讓我驚呆的一刻。這也是我刻進雕像的姿勢。」

洛溫斯坦雕刻的這些裸體女人像有些看起來像是沈默不語，有些顯然是在大叫，另外一些看起來好像傷了元氣。雕刻家意在通過《陰鬱的挽歌》來表達這樣一種希望：生命是脆弱的，我們可能彈指之間就會失去我們最愛的人，並且不得不帶著這種喪親之痛度過餘生。

人生最根本的兩種面對，無非就是生與死。通常所謂的惡「死」，不過是指某一生理現象的中斷，但其實宇宙間無限的消息並不因此有絲毫減損，所以，死必牽連著整個宇宙的生之奧秘。死亡，提供給我們一種可以試圖理解生命的選擇，進而引發我們的思考，強行將我們變為思想者，變為一個沉思的存在者。

為什麼我們覺得死亡總是陌生

一個燥熱的夏日午後，愛神厄洛斯玩累了，並且覺得很熱，便找了一個陰涼而黑暗的山洞乘涼。恰巧這是死神的山洞。

厄洛斯只想休息一下，一進洞便伸開四肢躺下來。就在他睡覺的過程中，他所有的箭都從箭袋裏滑了出來。

醒來時，他發現自己的箭與死神的箭混在了一起，而兩種箭幾乎一模一樣，根本無法辨認。他只記得自己箭袋裏箭的數目，無奈之下，就撿起相同數目的箭放進自己的箭袋。

無疑，厄洛斯拿了一些原本屬於死神的箭，而把他自己的一些箭丟在了山洞裏。

於是，我們常看見老人和瀕死者被愛神之箭射中，而有時年輕人也會被死神之箭射中。

死亡是對人類生命最大的威脅和挑戰，是人類無法逃離的永恆歸宿，也是人類不可抗拒的宿命，它不僅在生命的終點等待我們，還會伴隨我們一生。

可是，提到死亡時，人類卻越來越覺得陌生。這是為什麼呢？

據美國一項死亡調查結果表明：女性死亡焦慮高於男性；黑人高於白人；年輕人和中年人高於年紀更大的人；有宗教信仰的人比沒有信仰的人死亡焦慮更低；有更高程度自我實現和自我控制意識的人比這方面意識弱的人死亡焦慮更低。

大多數人會退一步承認，死亡是不可避免的，是一個自然的事實，但是，他們不準備認識它。人們推三阻四，置之不理，否認它與自己的關聯。人們總是在想方設法地逃避死亡，抱著這樣的想法逃避死亡，安慰自己，如「死亡距離我還很遙遠」、「誰都免不了一死」、「死了就什麼都不知道了」、「活過一天算一天」……於是，人們開始拼命忙著工作、忙著賺錢、忙著享樂，企圖將死亡從腦海中、從心靈中完全攆走。他們就像是鴕鳥一樣，在死亡來臨之前就將頭埋在塵世喧囂的沙土中，今朝有酒今朝醉，明日杯空明日憂，殊不知，這只能躲過一時，死亡遲早還會找上門來。

有這樣一個寓言故事：

當聽到死訊時，精靈黑爾立即動身返回自己的小屋。他一到家便又哭又叫：「我的叔叔和嬸嬸絕不能死！」

接著一個想法向他襲來：「死將降臨到每個人的頭上！」於是，他將這個想法刻在懸崖上，懸崖開始倒塌和碎裂；他將想法刻在岩石上，岩石紛紛粉碎；他將想法刻在地面上，地上所有的活物不再動彈，並伸開四肢僵死在地；他將想法刻在藍天上，天上的飛鳥突然掉在地上，全死去了……

走進小屋後，他拿過毛毯把自己裹了起來，躺在地上哭喊：「所有的人都死了，整個地球也躺不下了。唉，地球不夠大，無法為他們準備許多地方！」他身裹毛毯蜷曲在牆角，沉寂了……

我們從呱呱墜地那一刻起，死亡的陰影便如影隨形，因此，人類天性對死亡帶有憂傷。然而大多數人在意識層面並未覺察到自己對死亡的焦慮，這種焦慮被那些經過偽裝、改頭換面呈現出來的表像所取代，如狂熱的宗教信仰、癡迷於累積財富以及盲目追求名望、貪圖享樂等，但這些世人眼中所謂的「不朽」並不能讓他們流芳百世，實現永恆的不朽。

如果我們希望保持自己對現實的把握，就必須接受死亡。然而，如果我們要真正過好我們的生活，就必須否認死亡。這是一種看似矛盾，實則並不矛盾的死亡態度。對於死亡的態度，我們絕不能持有絕對的肯定和絕對的否定態度，必須充分利用每一個可能得到的資源去延長鮮活和健康的人生，並且只有在「感到死亡不可避免」的時候才更易接受它。

其實，人們對死亡焦慮的真正原因來自於從未充分發展過自己的潛能，為此從內心深處感到無比遺憾。你越不曾真正活過，對死亡的恐懼也就越強烈；你越不能充分體驗生活，也就越害怕死亡。與其在死亡的恐懼中抱憾終生，不如把死亡看做我們生命的一部分，直視死亡，充實地過完一生。

反正都要死，為什麼還要活著

有這樣兩個老頭兒：一個是黑人機械工卡特，話不多，博學，一直夢想當歷史教授；一個是億萬富翁愛德華，社會地位極高，話癆，暴脾氣，幽默。因為癌症，兩人住進了同一間病房。

兩人第一次見面時很不友好，出言不遜，互相敵視。然而，在長時間的相處過程中，他們目睹了彼此病痛難挨的時刻，互相同情並理解了各自的痛苦。他們從開始的彼此排斥到後來的惺惺相惜，而且建立起深厚的友誼。

一天醫生過來對愛德華說，結果出來了，還有六個月，幸運的話，最多一年。隨即，卡特的診斷書也到了：最多還有一年。他們都已經別無選擇。

然而，愛德華和卡特並沒有消極地等待死亡，而是將自己做的事情全部記錄在一張清單上。餘下的幾個月裏面，他們共同度過了人生中最充實的一段時間，最終毫無遺憾地死去。

這是由羅伯·雷恩拍攝的想電影《遺願清單》裏面的情節。如果醫生突然告知「你的生命還有六個月的時間」，那麼，你將會是一種什麼樣的心情呢？

六個月的時間，相對於一生是多麼短暫啊，於是，恐懼和不安一起向你襲來，很快就會將你打垮，於是，你就不得不接受這一事實，在委靡不振中消極地等死。很多時候，病人並不是被病痛打敗，而是被自己焦慮與恐懼的消極情緒打敗。

說到死亡，很多人也許會問：人必有一死，既然難逃一死，為什麼還要活著呢？

死亡是無法預測的。就算我們知道自己早晚會死，但我們不知道究竟何時會死。有的人超過了平均死亡年齡幾十年還依舊精神矍鑠，也正因為如此，我們才能夠忘記死亡的恐懼，樂觀地活著。因為無法預測，所以我們大可不必整天想著這個問題。

莎士比亞的名著《李爾王》中有這樣一句經典臺詞：他死了。但重要的不是結果，而是他從生到死的這段人生歷程之中究竟綻放出多麼璀璨的光芒。

人生是一個實現自我價值的舞臺，而這一切只有在活著的時候才能夠做到。所以，當知道自己將要死亡的時候，我們就應該抓緊一切時間實現自我價值，因為我們的人生目的就在於此。

人類只有意識到死亡的威脅，才能夠有危機意識，才會加倍珍惜自己的生命，用有限的時間去做一些有意義的事情。

對於那些無論如何都感覺人生充滿痛苦的人，最好放棄追求不切實際的「人生意義」。人類的一生對於浩瀚的宇宙來說，不過是短短的一瞬間，所以，享受每一天的生活才是最重要的，人生的意義就在於此。扔掉那些讓你感覺沉重的負擔吧，只有這樣，你才能夠體會到人生真正的快樂。

《駭客任務》講述了一個電腦駭客尼奥的故事。他最初生活在一個虛擬世界，這個虛擬世界由一個中央電腦構成，它就是世界的母體。人類把地球搞得不能居住之後，電腦就開始了對世界的統治。它們發號施令，生產出母體，並且把人類作為能量的來源。為了利用這種生物能，它們把人類放在一個裝有營養液的容器裏，並且試圖讓人類相信，它們過著夢想的生活。通過夢神的點化，尼奥終於從與母體長期默默鬥爭中解放出來。最後他成為人類的救世主。

故事雖然是虛構的，卻是發人深省的。我們又何嘗不是生活在一個虛擬的世界中呢？人們為了讓自己的生活變得更加有意義，就為生命設置了目的：信仰、理想、幸福等，實際上這些都只是我們用以度過漫無目的的生命的手段而已，而生命的本身則成了目的。

當然，人生的意義的珍貴之處不在意義本身，而是寓於對人生意義尋求的過程之中。尋求的過程使我們感到生存是有意義的、有價值的，從而能夠使我們充滿信心地活下去。

注視著死亡，才懂得如何活著

冷漠自私的吝嗇鬼伊本尼澤．斯克魯奇是狄更斯的小說《聖誕頌歌》中的主角。他原是一個性情刻薄、冷酷的守財奴。聖誕之夜發生在斯克魯奇身上的事情使他發生了徹底的轉變，他冷若冰霜的臉突然間融化了，整個人變得熱情又大方，急切地想幫助自己的員工和鄰居。

到底什麼事情讓斯克魯奇有這麼大的轉變呢？

這並不是由於他的良心發現，也不是由於耶誕節洋溢著的溫暖氣氛感化了他，而是因為「未來之靈」探訪了斯克魯奇，讓他看到自己的未來。斯克魯奇目睹了自己的死亡，看見陌生人搶奪他的財產，甚至不放過床單和睡衣，還聽見街坊鄰里輕描淡寫地談論著他的死。接下來，「未來之靈」帶領斯克魯奇去墓地參加他自己的葬禮，斯克魯奇凝視著自己的墓碑，用指尖撫摸著自己的名字，在那一瞬間，他的整個人都轉變了。在接下來的生活中，斯克魯奇變成了一個充滿同情心的人。

正所謂「死生相倚」。學習如何去死也就是學習如何好好活著。西塞羅說：「思考哲學就是為死亡做好準備。」聖．奧古斯丁寫道：「唯有面對死亡之時，一個人的自我才真正誕生。」

許多中世紀的僧侶們在房間裏掛上骷髏頭以警示自己人生不免一死，要注意此生的品行修為。法國哲學家蒙田則認為我們的房間應該要有一扇可以俯視墓地的窗戶，那會讓我們的頭腦保持清醒。這些偉大的思想家們穿越歷史的長河以不同的方式提醒我們，雖然死亡可以從肉體上摧毀我們，但也能從精神上拯救我們。

《安娜．卡列尼娜》中有這樣一段話，也就是安娜的丈夫卡列寧意識到自己的妻子真的將要離開他時的那一段：「每次當他遇到麻煩時總是選擇逃之夭夭，現在他的感覺就好像一個人正在安安穩穩地過橋，卻突然發現橋斷了，橋下是無底的深淵。可怕的是，那深淵才是生命本身，斷裂的橋只不過是他一直以來生活於其中的虛假世界。」

在我們與死亡發生的錯綜複雜的關係中，我們既是倖存者又是體驗者。死亡既可能被視為一種威脅，也可以被看做一種使生活變得更清醒、更有創造力的催化劑；甚至死亡既可能被看做人類彪炳史冊的成就的暗淡結局，也可能被視為完成人生苦旅後歇腳的溫馨客棧。

人的處境不僅表現在諸如由死亡引起的各種重大變故上，而且還表現在沒有多少人注意的日常生活中經歷的細小變化上。認識到這一點，我們就可以下決心去關注那些最有價值的人和事。正如湯瑪斯·阿蒂格指出的，屈服於我們自己的有限性和必死性可以被理解為一個悲痛的過程。這種自我悲痛確實是一個畢生屈服於短暫性、不確定性和脆弱性的過程，而這些特性註定是致命的。

隨著更多的人願意面對圍繞著死亡和瀕死所涉及的種種問題，願意審視供自己選擇的機會，整個社會都在發生著可喜的變化：收容計畫、自殺干預程式以及旨在幫助處於危機中的個人和家庭的支援組織的建立。由於人們在不那麼恐懼的心態下仔細觀察死亡，出現了一種既可以由個體參與又作為社會整體行動的運動，這有利於獲取可能有助於理智而有同情心地處理死亡時的知識。

在關注死亡的過程中，我們也可以讓自己對死亡有深刻的認識，有助於驅散或消除長期壓在心頭的恐懼感或對死去親人的內疚感與責備感，進而讓自己勇敢、坦然地去面對死亡，並以死為參照物，積極地去面對生命中諸多的問題。

完整意義的人生勢必會伴隨著痛苦，其中，面對心愛之人的死亡及自身的死亡，是人生最大的痛苦。生命的本質就是不斷改變、成長和衰退的過程。選擇了生活與成長，也就選擇了面對死亡的可能性。

我們應該學會坦然接受死亡，不妨把它當成「永遠的伴侶」，想像它始終與我們並肩而行。這樣，我們可以豐富自己的心靈，讓自己變得更加睿智、理性和現實。在「死」的指引下，我們定會清醒地意識到：人生是如此短暫，而且愛的時間也是有限的，我們應該好好珍惜和把握。

不敢正視死亡，就無法獲得人生的真諦，無法理解什麼是愛、什麼是生活。萬物永遠處在變化中，死亡是一種正常現象，不肯接受這一事實，我們就永遠無法體味生命的宏大意義。

第六篇　愛與美：靈魂的洗禮

第一課　靈與肉可以分離嗎

哈佛教授泰勒．本沙哈爾在談到性愛關係時說：「大部分人把性當做是真愛，這是遠遠不夠的。」只是性的關係，愛是無法維持長久的。無論一個人的伴侶如何有吸引力，那起初的興奮以及肉體上的誘惑遲早都會消失的。

真正的愛情是靈魂與靈魂的相遇，肉體的親近僅是它的結果。不管持續時間是長是短，這樣的相遇極其莊嚴，雙方的靈魂必深受震撼。相反，在風流韻事中，靈魂是不會在場的，一點兒小感情只是因為有肉慾做酢料。

卡夫卡身體悖論：孤獨與愛撫

卡夫卡認為，人世間可能有美好的愛情，但絕對沒有美好的婚姻。同女人在一起生活很難，人們之所以如此，是迫於陌生感、同情心、肉慾、膽怯、虛榮等。只在靈魂深處才有一股溪流，它才稱得上愛情，但這愛情是找不到的，它轉瞬即逝。

卡夫卡初見菲莉斯時，覺得她清雅而骨骼寬大的臉把木然表達得過於淋漓盡致，可以說印象不是很好，雖然如此，他還是與菲莉斯訂了婚。這是第一次訂婚，但是不到兩個月，卡夫卡就提出解除婚約。解除婚約後不到半年，卡夫卡與菲莉斯重逢，開始維持了差不多兩年的曖昧關係，其間還同居過。曖昧關係進行到一九一七年七月時，卡夫卡再度同菲莉斯訂婚。但同樣不到半年時間，卡夫卡又提出解除婚約。

卡夫卡從內心害怕同一個女人進入共同的日常生活。因為女友與妻子不同，女友根本沒有權利、男友也沒有必需的義務。而對於夫妻，妻子有權利，丈夫有義務。

在一封給友人的信中，卡夫卡這樣說：「我如此急切地需要一個人，希望她來愛撫我。所以，我昨天和一個妓女在旅館裏相會了。」與此同時，他卻在日記中寫道：「我要不顧一切地得到孤寂，我只有我自己。」而他給菲莉斯的信中卻說：「要是我能讓你在我身邊的這張小沙發上坐下，擁有你，看著你的眼睛，那該多好。」

雖然卡夫卡不信任婚姻，但是他也需要女人，渴望有一個女人在自己身邊，渴望她的愛撫。既想孤獨又想有一個女人在身邊，這就是卡夫卡的悖論。

在愛之中會衍生出諸多的煩惱，在孤獨之中又暗含著無限的悲涼，而愛和孤獨都會令人陶醉。當最熱烈的愛受到創傷而返諸自身時，人在孤獨中學會了愛自己，也學會了理解別的孤獨心靈和深藏在那些心靈中的深邃的愛，從而體味到超越的幸福。

在最內在的精神生活中，我們每個人都是孤獨的，即使是愛，也無法消除這種孤獨，但正是因為由己及人地領悟到了別人的孤獨，我們內心才會對別人充滿最誠摯的愛。我們在人生的黑暗中並肩前行，各自走在自己的朝聖路上，雖然我們無法知道彼此是否走向同一處聖地，然而，懷揣著同樣的朝聖熱情卻使我們相信，也許存在著同一個聖地。

在茫茫的宇宙中，我們每一個人都是無依無靠的孤兒，偶然地來到世上，又必然地離去。正是這種孤獨的境遇，才使愛有了價值與意義。因為人人都是孤兒，所以人人都渴望有人愛，都需要有人疼。孤兒尋找父母的隱秘渴望始終伴隨著我們：我們在年幼時需要來自父母的疼愛，在年長時需要來自愛侶的愛，年老時需要來自晚輩的愛。

如果我們想到與我們一起暫時居住在這顆星球上的任何人都是宇宙中的孤兒，那麼，我們心中就會產生一種莫大的悲憫，由此生出一種博大的愛心。愛心最深厚的基礎是建立在這種大悲憫之中的。譬如說性愛，當然是離不開性慾的衝動或旨趣的相投的，但是，假如你不具備那種把你的愛侶當做一個孤兒來疼愛的心情，由此斷定，你的愛情還是比較自私的。

在我們的心靈深處，愛和孤獨其實是同一種情感，它們總是如影隨形，不可分離。我們越是感覺孤獨，便越是懷有強烈的愛的渴望。一個人對孤獨的體驗與他對愛的體驗是成正比的，孤獨的深度決定了愛的容量。孤獨和愛是互為根源的，孤獨是愛尋求接受而不可得，而愛則是對他人的孤獨的發現和撫慰。愛與孤獨並不是此消彼長的關係，現實的人間之愛不可能從根本上消除心靈對於孤獨的體驗，而且我們也不應該對愛提出這樣的要求，因為一旦沒有了對孤獨的體驗，愛便失去了品格和動力。在兩個不懂得欣賞、品味孤獨之美的人之間，愛必然會流於瑣碎和平庸。

人在世上是需要有一個不離不棄的伴侶的，有的人終其一生都在尋求卻終不可得，因為他們發現他們始終無法擺脫精神上的孤獨。其實，只要有人在生活上疼你、愛你，就已經足夠。至於精神上的幸福，這只能靠你自己——永遠如此。只要你心中的那個美好的天地完好無損，純潔神聖，就沒有人能奪走你的幸福。

青春美貌與毒蜘蛛哪個更可怕

有一次，蘇格拉底聽說克裏托布洛斯吻了阿爾克比阿底斯美貌的兒子，就問色諾芬：「克里托布洛斯是一個有節制而不魯莽、謹慎而不輕率的人，對嗎？」

色諾芬說：「當然。」

蘇格拉底說：「可是，現在你就得認為他是一個魯莽、大膽妄為的人了。」
色諾芬問道：「究竟什麼事竟讓你對他抱有這樣的偏見？」
蘇格拉底說：「難道你沒見到他親吻阿爾克比阿底斯的那個容貌極其俊秀的兒子嗎？」
色諾芬說：「如果這也叫膽大妄為的話，那麼連我也是了。」
蘇格拉底說：「你知道迷戀情慾會有什麼後果嗎？你會將大量的時間和金錢花費在無益的娛樂上，而無暇顧及自己的事業，甚至還會追求那些連瘋子都不屑做的事？」
色諾芬喊道：「我的天啊，你怎麼把一個吻說得這麼可怕。」
蘇格拉底反問道：「這奇怪嗎？毒蜘蛛不大，但是被牠咬一口，人會痛苦得失去知覺。」
色諾芬說：「因為毒蜘蛛把毒素注射到人體內。」
蘇格拉底說：「毒蜘蛛只是在接觸的時候才把毒素注射到人體裏，但是『青春美貌』比毒蜘蛛還可怕。不需要接觸，只要看一眼，就會讓人如癡如狂，所以人們把愛情稱為『射手』。我勸你，當看到一個美人的時候，就拼命跑開。」

蘇格拉底本人在情慾方面是很能夠泰然處之、不為所動的。對於在情慾方面不能控制自己的人，蘇格拉底認為他們在滿足自身生理需要的同時，必須保持一定程度的理性思考，而且不能對自身和他人造成傷害。

荷蘭畫家梵谷曾經發出這樣的吶喊：「我是人，而且是一個有情慾的人。我要和女人在一起，沒有愛情我就無法生活，我要有個女人，否則我將凍僵，變成石頭。」他接下去又說：「我認為沒有愛情的生活是一種罪孽的和不道德的狀態。」

在愛情生活中，理智是必然要給激情讓路的。但是，如果說一個沒有情感的人會變成鐵石，那麼失去理智控制的熾烈感情就會燒毀人的心靈。難怪莎士比亞在長詩《維納斯與阿都尼》中告誡世人說：「情慾猶如炭火，必須使它冷卻，否則那烈火會把心燒焦。」

每一樁真正的愛情中都獨特地交織著不同的心理因素，而且是從低級範疇到高級範疇的。理智和瘋狂、思想和感情必須按照美的規律和社會生活的準則結合在一起，只有這樣才能形成心理的和諧平衡。

佛招弟子，應試者有三人，一個太監，一個嫖客，一個瘋子。

佛首先質問太監：「諸色皆空，你知道嗎？」

太監跪著回答：「知道，學生從不近女色。」

佛一擺手：「不近諸色，怎知色空？」

佛又質問嫖客：「悟者不迷，你知道嗎？」

嫖客嬉皮笑臉地回答：「知道，學生享盡天下女色，可對哪個女人都不迷戀。」

佛一皺眉：「沒有迷戀，哪來覺悟？」

最後輪到了瘋子。佛微睜慧眼，並不發問，只是慈祥地看著他。

瘋子捶胸頓足，高聲哭喊：「我愛！我愛！」

佛雙手合十：「善哉，善哉。」

佛收留了瘋子做弟子，開啟他的佛性，終於使他修成了正果。

嫖客和太監一個是縱慾的代表，一個是禁慾的代表。情感放縱無度會讓人產生盲目的迷戀而無法自拔，最終會導致災難性後果。但是，過分冷靜思考，缺乏感情衝動，也必然使人的心理變態。這兩種極端行為都會對愛情的發展產生消極影響。只有適度地掌控好自己的情慾，才能使之於利不趨，於色不近，於失不餒，於得不驕，達到寧靜致遠的境界。

心靈猶如一駕馬車，它由三個部分組成：馭者和兩匹馬。其中，一匹是聽話的好馬，一匹則是不馴的劣馬，馭者是理智的代表，好馬是意志衝動的代表，劣馬是情慾的代表。好馬「能自制，知廉恥」，「無須用鞭子驅趕」。劣馬是朝著肉慾的宴席疾馳的，「寡廉鮮恥」，而且又「耳聾」，因此，「要靠鞭打才能勉強馴服」。人們強烈地渴望親吻、擁抱別人的身體，沉醉於肉慾的享樂之中，可是馭者和那匹好馬卻「難為情地反抗著」，因為他們渴望得到純潔的、高尚的、合乎理性的愛情。人是世界上最高級的動物，有著極其複雜的自我調節系統，其中也包括親密關係。再理智的人也不可能沒有愛情，而愛情中也不可能沒有理智。也就是說，愛情不可能是盲目的、非理性的。

生命中不能承受的是重還是輕

還記得米蘭·昆德拉那部最負盛名的作品《不能承受的生命之輕》嗎？

小說的主角湯瑪斯是一個外科醫生，因為婚姻失敗，既渴望女人又畏懼女人，因此發展出一套外遇守則來應付他眾多的情婦。有一天，他愛上一個餐廳的女侍——特麗莎，他對她的愛違反了他制定的原則，甚至決定娶她為妻，但是湯瑪斯靈肉分離的想法絲毫沒有改變，依然遊移在情婦之間。這對全心愛他的特麗莎顯然是一種傷害。特麗莎經常在極度不安的夢魘中醒來，經常猜忌與懷有恐怖想像。

當時捷克政局動亂不安，在蘇黎世一位權威醫生希望湯瑪斯去那裏發展的呼喚下，兩人決定去那裏生活。但是面對陌生環境的不安與丈夫仍然與情婦私通的事實，特麗莎決定離開，回到祖國。但是命運與抉擇讓湯瑪斯回去找她，此後兩人沒有再分離。他們意識到在一起是快樂的，意識到彼此是自己生命中甜美的負擔。

性慾是一股強大的力量，如果失去控制，它就可能成為災難。我們不應該把性和愛分開，把夢想和現實分開，否則會導致人的本質的變態，甚至扼殺生命。

當代性與愛的矛盾有一個共同點，即將性與愛平庸化了。人們為了表現得更好而痲痹其感覺，將性當做證明其力量與身份的工具加以利用，放縱情色以掩飾其感覺，因此使性失去了活力，變得枯燥而空虛，而大眾傳播工具又極大地助長了這種平庸化。現在市場上氾濫的關於性與愛的書往往都有一個共同點——對性與愛的過於簡單化，對待這個問題的方式就像是將學打網球與購買人壽保險結合起來。在此過程中，我們避開了愛情從而剝奪了愛的力量，並以使二者失去人性而告終。

性完全可以用生理學術語來定義，其包括身體緊張的增加與釋放。而愛慾則相反，它是性行為中個人的緊張以及性活動的意義的體驗。性是刺激與反應的一種節律，而愛慾則是一種存在的狀態。在性中尋求的是令人愉悅的緊張的釋放，而在愛慾中則相反，我們並非希望從興奮中擺脫出來，而是希望緊握住它，享受其中的樂趣，甚至還要加強它。性最終指向滿足與放鬆，而愛慾則是一種渴望，永遠向外伸展，追求的是一種拓展。愛慾是驅使人們朝向上帝的力量，而在這樣一個充滿過度刺激的速食時代，人們已經沒有耐心去皈依上帝了。

或許是現代人活得太累，不願再給自己加上愛情的重負，而寧願把兩性關係保留在一個輕鬆娛樂的場所；或許是現代人看得太透，不願再徒勞地經受愛情的折磨，而寧願不動感情地面對異性世界；或許是現代人生活得太乏味，不願再讓自己忍受空虛與單調，而寧願去尋求短暫的激情。愛慾的匱乏使人們的精神生活陷入極度的空虛之中。

對於今天的許多人來說，空虛已由一種沉悶狀態進入一種絕望狀態，從而使現代人的精神生活出現危機。

空虛感主要是源於個人感覺，即個人覺得自身在指引自己的生活上無法成為一個有所作為的實體，覺得自身無法改變他人對自己的態度，或無法有效地影響周圍的世界等。在這種情況下，他便深陷於一種絕望感與無助感中，而這種感覺在如今已日益普遍。之後，由於他所希求的與他所感覺的都不具有實質上的意義，因此他便放棄自身的一切希求與感覺，試圖通過肉慾的短暫愉悅來麻痹自己，想方設法逃避自己本該承擔的責任與義務。

在歷代的愛情詩中，人們總是渴望承受另一半的身體的重量。於是，最沉重的負擔同時也成了最強盛的生命力的影像。負擔越重，我們的生命越貼近大地，它也就越真切實在。相反，當負擔完全缺失，人就會變得比空氣還輕，就會飄起來，就會遠離大地和地上的生命，人也就只是一個半真的存在，其運動也會變得自由而沒有意義。

那麼，我們到底該選擇什麼，是重還是輕？

沒有激情，愛真的不能成長嗎

愛神厄洛斯是美神與戰神的孩子，他無法像其他孩子一樣成長，他的身上長著紗一樣的翅膀，紅潤的臉上長著一對酒窩。美神為這個孩子的健康狀況十分著急，於是去請教女神席米勒，席米勒以神諭的口吻回答道：「沒有激情的愛情，是無法成長的。」一直到激情之神降臨，厄洛斯開始成長為俊美的男子，而當他與激情之神分離時，又恢復成小孩的模樣。

這個神話也預示了現代人的病態：現代人的愛情已經喪失了激情，變得沉悶、孩子氣，缺乏生氣。儘管現代人有所意識，並一直試圖去尋找這種激情，他們通過一夜情之類的風流韻事以及一些變態的性行為來試圖找回激情的刺激，可是這種所謂的激情只是暫時的，短暫的激情過後只是長久的落寞與空虛。

曾獲第十三屆戛納電影節金棕櫚獎的影片《甜蜜的生活》講述了義大利五〇年代的紙醉金迷。馬切羅本來想要成為一位小說家，但事與願違，成為羅馬的三流記者。為了挖掘名人醜聞，他整天混跡歡場，最終在不知不覺中也陷入了沉淪、放縱的糜爛生活而無法自拔。馬切羅有一名情婦元瑪，但他因元瑪過強的佔有慾而困擾。元瑪曾為他自殺，他總覺得元瑪的愛太沉重了。當時他的精神支柱只有年長於他的好友斯泰那，而斯泰那有一個美麗的妻子和兩個兒子。馬切羅從這樣一個美滿的家庭中，重新對人生有更深一層的體會，於是又開始了創作。後來斯泰那不明原因地自殺，他又失去了精神依靠，再次陷入那種奢侈浮華的生活中……

透過影片，人們完全能夠洞悉到自己的精神危機：焦慮、痛苦、孤獨、絕望……人們為了擺脫這種精神危機，就將精神上的空虛委之於性的本能，希望在此過程中尋回對生活的激情。

這樣隨意的性行為必定會使我們將愛慾排除在外，也就是說，僅僅為了感官的滿足而放棄了激情，拋棄了性行為中的想像力和個人的重要性。如果我們可無愛性交，那麼，我們就會認為通過這種方式可以逃脫因愛慾而產生的焦慮。如果更進一步，我們基於將性活動本身當成逃避愛慾要求我們承擔的義務的方式的話，我們會希望因此建立起防範焦慮的森嚴堡壘。而性的動機就不再是感官享受或激情了，被替換為用人造的性來提供身份和獲得安全。那麼，性已淪為減輕焦慮的策略與手段。

而這時，我們就會面臨新的問題——愛慾與技術之間的戰爭。性與科技之間沒有戰爭：就像避孕藥和教你性技巧的那些書籍所表明的那樣，技術發明使性更安全、更可行、更高效。性與技術聯合起來以達到調整的目的；在週末緊張完全釋放之後，你就可在週一這毫無創造性的世界裏工作得更好。感官的需求和滿足與技術是不衝突的，至少在即時性的意義上如此，至於是否能長久則另當別論。

但技術與愛慾是否可並存，我們完全不清楚。愛人就是流水線的威脅，愛慾打破了現有的形式並創造了新的形式，這自然對科技構成了威脅。科技要求規律性、可預測性，是由鐘錶來控制的，而桀驁不馴的愛慾則反抗所有的時間概念與限制。

愛慾是構建文明的推動力，但文明卻轉而攻擊其創造者並約束愛慾衝動。這使得意識增加和擴大了。性衝動能夠並且應當有一些約束：自由表達每一種衝動的信條分散了體驗，就如同決堤的河水，河水在四處流淌時便散失和浪費掉了。對於愛慾的約束為我們提供了一種形式，我們可在其中發展並保護自己以避免那難以忍受的焦慮。

但當對技藝的膜拜破壞了感覺，損毀了激情，抹去了個體的身份時，就出現了一個問題，那些慣用技術的人們在沒有激情和愛慾的性交的矛盾中失敗了，最終成了性無能。他們已經失去了神魂顛倒的感覺能力，只是十分清楚自己在做什麼。在這點上，技術縮小了意識並剷除了愛慾，工具不再是意識的擴大而成為其替代品，實際上是趨向於壓抑和刪減它。

愛慾是文化活力的中心，是其心臟與靈魂，當緊張的釋放取代創造性的愛慾時，必然會帶來文明的衰落。

第二課　愛，還是被愛

哈佛教授霍布斯．里爾是這樣讚美愛的：「愛是善舉的火源，它點亮的不僅是人們的生活，而且更是人類心靈的旅途。」

相愛容易相處難，許多情侶最終勞燕分飛不是因為不夠相愛，而是缺少一點關於愛的智慧與藝術。愛情不是光有一顆火熱的心就能功德圓滿，愛情如一朵美麗而嬌嫩的花朵，需要眾多的養料，包括自由、理解、尊重、寬容與體貼，尤為重要的一種養料名為「智慧」，但它常被我們所忽視。你若懂得了運用這些養料，一定會成為一名出色的愛的園丁。

愛情具有讓人昇華的力量

柏拉圖在《饗宴篇》之中講述了愛情的由來：

很久以前，有一隻雌雄同體的怪物，牠有兩張臉、四隻手和四隻腳，而且無所不能。這個怪物常常四處作惡，結果觸怒了眾神，眾神將牠從中間撕成了兩半。

於是，這個怪物就變成了兩個人，每個人有一張臉、兩隻手和兩隻腳。這兩個人為了恢復以前的樣子，就相互之間尋求結合，從此男女之間才開始出現愛情。

很多人認為柏拉圖的這種解釋過於幼稚可笑，其實不然。無論是男性還是女性，孤立起來都是缺點，都造成了片面的人性，結合起來便都是優點，是構成健全人性的必需材料。如果說男性剛強，女性溫柔，那麼，只剛不柔便成脆，只柔不剛便成軟，剛柔相濟才是韌。相反，那些在愛中爭吵不休、兩敗俱傷的人很可能因為他們對人性的認識過於片面化，往往只是運用自己的孤立、片面的標準去衡量對方。借用柏拉圖的寓言來說，他們是被劈開得太久了，以至於只能僵持於自己的這一半，認不出自己的另一半了。

柏拉圖認為，愛情能夠讓人得到昇華，而這種昇華就表現在我們在愛情中學會了如何去愛人。生命中，擁有高尚愛情的人都具有相似的品質，那就是——傾聽對方、感謝對方、尊重對方、寬恕對方。

有一次，愛情使者丘比特請教愛神阿芙洛狄忒：「LOVE的意義在哪裡？」

阿芙洛狄忒說：「『L』代表Listen（傾聽），愛就是要無條件、無偏見地傾聽對方的需求，並且予以滿足。『O』代表Obligate（感恩），愛需要不斷地感恩，付出更多的愛，灌溉愛的禾苗。『V』代表Valued（尊重），愛就是展現你的尊重，表達體貼、真誠的鼓勵和發自內心的讚美。『E』代表Excuse（寬恕），愛就是仁慈地對待和寬恕對方的缺點和錯誤，接受對方的全部。」

愛，是人類永恆的追求。但實際上，人們追求的並不是愛本身，而是渴望被愛。我們往往會不自覺地把自己的幸福繫於被他人所愛的程度上，一旦得不到他人的愛或得不到自己想要的足夠的愛，就會覺得自己非常不幸，從而感到異常孤獨。當然，對於我們的幸福來說，被愛是佔有重要比例的，然而，與是否被愛相比，有無愛心卻是更重要的。如果說一個缺少被愛的人是一個孤獨的人，那麼，一個沒有愛心的人則是一個冷漠的人。孤獨的人只要愛心未泯，他仍會有孤獨中的幸福，當一個人的愛心在不理解他的人群中無可寄託時，他還可以把這種愛心投向花朵、小草、河流和天空，並因此感受到心靈的愉悅。可是，一個沒有愛心、內心冷漠的人，無論他表面上生活得多麼熱鬧，幸福的源泉註定枯竭，他是不會感到一絲一毫的快樂與幸福的。

一個只想被人愛而沒有愛人之心的人，其實根本不懂得什麼是愛。他真正在乎的也不是被愛，而是佔有。愛心與佔有慾是截然不同的東西。愛本質上是一種給予，而愛的幸福就在這給予之中，而給予比得到更幸福。愛心如同光源，愛的幸福就在於光照萬物。愛心又如同甘泉雨露，愛的幸福就在於澤被大地。豐盈的愛心會使人像神一樣博大，所以，《聖經》裏說：「神就是愛。」

每一個人都會具有這樣的兩種需要：疼人和被人疼。在兩個相愛的人之間，如果雙方不能同時獲得這兩種需要的滿足，感情便潛伏著危機。習慣於被疼的一方最好不要以為，你遇到了一個只想疼人卻不想被人疼的純粹父親型的男人或純粹母親型的女人。在這茫茫人世間，有誰不是需要被人疼的孤兒呢？

愛一個人，就要懂得如何去心疼他。愛得深了，潛在的父性或母性必然會顯現出來。如果只是迷戀而並不懂得心疼，這樣的愛只能停留在感官上，而不會深入到心窩裏，停留於感官的愛情往往是不會持久的。

愛又是一種溫柔的呵護。不論男女，在真愛的時候必定會懷有一顆溫柔之心。男人愛一個女人，就是心疼她、憐惜她，因她所承受的苦楚而倍加心疼，因她的弱小而倍加憐惜，因她如此信賴地把她的一生交付於自己而倍加寵愛。女人對男人也一樣。再幸運的女人也有悲痛的時候，再強悍的男人也有弱小的時候，所以，在任何時候，男人和女人都需要溫柔的呵護。愛本質上是一種對弱小者的保護，在愛中，需要的是提供保護的衝動，而非尋求依靠的需要。如果在愛中只以尋求依靠為目的，那麼，這種結合一開始就埋藏著破裂的種子。

由此來看，愛確實是一種給予和奉獻。對於愛來說，這種給予是必需的，是內在豐盈的流溢，是一種大滿足。溫柔也是一種內在的能量，如果得不到釋放，便會造成內傷，甚至轉化為冷酷和粗暴。好的愛情必能使男女雙方的這種能量獲得最佳的釋放，這便是愛情中的幸福境界。

愛情不是理智的產物

丘比特是愛神阿芙洛狄忒和戰神阿瑞斯所生的兒子，和母親一起主管神、人的愛情和婚姻。他不會長大，總是像個小孩子，有一頭非常美麗的金髮和雪白嬌嫩的臉蛋，還有一對可以自由自在飛翔的翅膀，成天笑嘻嘻的，到處飛翔。

丘比特有一張金弓、一支金箭和一支鉛箭。被他的金箭射中，便會產生愛情，即使是冤家也會成佳偶，而且愛情一定甜蜜、快樂；而被鉛箭射中則會終止愛情。

在奧林匹斯山的眾神中，最叫人無可奈何的就是小愛神丘比特了，因為他的箭無論神和人都抵擋不住。他每天背著箭袋飛來飛去，隨心所欲地盲目的一會兒把金箭射向這個，一會兒又把鉛箭射向那個。

眾神就這樣被他搞得暈暈乎乎，一齣齣愛情的悲喜劇也就不斷地上演。而搞出惡作劇的丘比特就躲在一邊開心地看熱鬧。

神話的說法倒是惟妙惟肖地道出了世間許多癡男怨女的情感苦樂。然而，深陷愛恨情仇中的男男女女，誰願意這樣不由自主地被一個小東西任意擺佈呢？誰不希望把愛情的幸福掌握在自己手中，而不受到痛苦折磨呢？

不管是從生理上還是從心理上來看，愛情都不是理智的產物，它是身體荷爾蒙產生以後，連帶產生對異性的審美心理，兩者綜合而發生的愛慕慾望。

千百年來，作家、詩人、哲人、智者等世間的男男女女都曾被丘比特的神箭射中，深陷情網之中而無法自拔。正如盧梭所說：「我一生中，在我所愛的人身邊，曾不止一次地被喪失理智的情慾所引誘，從而變得視而不見、聽而不聞，興奮得全身戰慄……」

一個人不管懷有怎樣的期待，沒有機遇和緣分，就永遠無法體會到戀愛的感覺，愛的情網也不會為他張開。墜入情網的男女，不是出於主觀意願，不是有計劃、有意識的選擇，只是一種盲目的衝動。你完全可能愛上某個與你毫不相配的人，甚至不願接受對方身上的缺點，可你卻對對方產生深深的依戀。與此同時，也許另一個人各方面都很出色，值得你全身心地去愛，而你卻始終不能墜入情網。

深陷情網之中的人，常常會激情洋溢地表白：「我愛他（她）！沒有他（她）我就活不了！」這只是一種主觀願望罷了，這個世界上誰沒有誰都能活下去。而你不知道什麼時候陷入了這種深深的恐懼之中。你堅信，自己需要被別人認同；你堅信，離開了另外一個人，你無法生活。所以如果那個人不在，你就無法活下去。

愛情的魅力就在於它的神秘性和自發性，它不問緣由，不顧一切，不計利害。或許正因為如此，許多人才認為熾烈的愛情總是盲目的。正如歌德所說：「萌動的春情之所以美好，就在於它既沒有意識到自己的產生，也不考慮自己的終結；它是那麼歡樂而明朗，竟察覺不到它會釀成災禍。」戀愛的人是從不向良知求教的。

戀愛中的人雖然被感情沖昏了頭腦，但他們並沒有放棄其為人的職責所在，也就是說，他們並沒有停止思考，並沒有喪失判斷能力，他還是能夠對其他事情有所預見，克服困難，能夠自覺地遵循他們所接受的價值和理性法則體系的道德和審美標準去行事。他們既不是一個自由行走的夢遊者，也不是一個屈服於愚蠢的身不由己的奴僕。儘管他們的感情是強有力的，但他們的智力並未停止起作用。這就是為什麼鍾情者往往表現出非凡的機智的原因所在。在這種美妙的激情影響下，人們創作出許多美的傑作。

愛情往往是具有雙重性的，它把人的本性的許多方面結合起來：既合乎理性又不合乎理性，既出於本能又受到思想的鼓舞，既有生物性又有社會性。如果愛情僅僅出於本能，即僅僅具有生物性而不合乎理性，那麼它就不會蘊涵著精神文明的魅力，它就會僅僅表現為一時的激情。如果愛情僅僅是理性的，僅僅是來自於思想層面的，那它就永遠無法振奮心靈，它的生命力也就會隨之枯竭了。

愛情把理性和非理性、本能和精神美結合在一起，這種慾求的生命力將隨著文明的發展而不斷昇華。

給對方有選擇的權利

愛情是漫漫人生路上永遠美麗的風景，可是，情到深處，有的人總希望兩人的愛沒有界限，感情能永遠完美，於是以愛為由，對愛人提出許多期待、要求，想要控制愛人。其實，每個人都有一個屬於自己的心靈世界，當我們在愛一個人或想要去愛一個人時，千萬不要企圖去佔領他全部的心靈世界，因為每一個的心靈都有一處禁不住碰觸、最柔軟也最脆弱的角落。愛情是需要空間的，蠻橫地控制對方的喜怒哀樂，只會禁錮愛情。

國王亞瑟被俘，本應被處死，但對方國王見他年輕樂觀，十分欣賞，就要求亞瑟回答一個十分難的問題，答出來就可以得到自由。這個問題就是：女人真正想要的是什麼？

亞瑟向身邊的每個人徵求答案：公主、侍女、牧師、智者……結果沒有一個人能給他滿意的回答。

有人告訴亞瑟，郊外的城堡裏住著一個老女巫，據說她無所不知，但經常提出無理的要求。期限馬上就到了，亞瑟別無選擇，只好去找女巫。女巫答應回答他的問題，但要求和最高貴的圓桌武士之一、亞瑟最親近的朋友加溫結婚。

亞瑟非常吃驚，他看著女巫，老邁駝背、醜陋不堪，身上散發著難聞的氣味……而加溫高大英俊、誠實善良，是最勇敢的武士。亞瑟不同意，他認為自己不能為了自己的自由而置朋友的幸福於不顧，否則，他一輩子都不會原諒自己。加溫知道這個消息後，對亞瑟說：「為了你和我們的國家，我願意娶她。」

結婚的消息被公佈後，女巫告訴了亞瑟問題的答案：女人真正想要的，是主宰自己的命運。每個人都認為女巫說出了一條偉大的真理，於是亞瑟自由了。

婚禮上，女巫表現得十分沒禮貌，用手抓飯、打嗝、說髒話，所有的人都感到噁心，亞瑟也為自己的行為悔恨不已，加溫卻一如既往的謙和。

新婚之夜，加溫不顧眾人勸阻，堅持來到新房，準備面對一切。然而，一個從未謀面的絕世美女躺在他的床上，她竟然是女巫！女巫對善良的加溫說：「在一天的時間裏，我一半時間是醜陋的女巫，一半時間是傾城的美女，加溫，你想我白天或是夜晚是哪一面呢？」

加溫鎮定地回答道：「既然你說女人真正想要的是主宰自己的命運，那麼就由你自己決定吧！」女巫終於熱淚盈眶：「我選擇白天夜晚都是美麗的女人，因為我愛你！」

加溫是一個理智謙和的人，他沒有自作主張地讓女巫永遠是美女，而是給了她選擇的權利，正是這種包容感動了女巫，讓她因為愛而變成了美麗的女人。

愛情是自私的，但我們不能以自己的喜好來主宰愛人的生活，愛人也有自己選擇的權利。當我們尊重愛人、理解愛人的時候，得到的往往會更多。愛情不是一種權力，更不是一種交易，你萬萬不可以用佔有的方式和控制的方式對待它，因為失去了自由的愛情，終有一天會慢慢老化。

當然，愛侶之間應該有基本的誠實和適當的透明度。但是，萬事都是有限度的。苛求絕對誠實反而會釀成不信任的氛圍，甚至會帶來欺騙和偽善。一種健全的愛侶關係的前提是互相尊重，包括尊重對方的隱私。這種尊重一方面基於愛和信任，另一方面基於對人性弱點的寬容。不去追問愛人難以啟齒的小隱私，乃是愛情中的自尊和教養。

也許有人會產生這樣的疑問：「寬容會不會助長人性弱點的惡性發展，乃至毀壞愛的基礎呢？」其實，凡是會被信任和寬容毀壞的，猜疑和苛求也挽救不了，那就讓該毀掉的毀掉吧。說到底，會被信任和寬容毀壞的愛情本來就是脆弱的，相反，猜疑和苛求卻可能毀壞最堅固的愛情。我們冒前一種險，卻避免了後一種更壞的惡果，那麼，這種冒險就是值得的。

那麼，愛侶之間應該用什麼方式來保持必要的距離，分寸又該如何去掌握，都是因人而異的，不存在一個普遍適用的方法。但是，愛侶之間一定要有保持距離的這種覺悟，從根本上說，這也就是互相尊重對方的獨立人格的覺悟。唯有親密有間，愛情中的兩個人才能既成為一個親密生活的共同體，又為彼此留有個性自由發展的空間。在這樣的愛情關係中，愛情才會更加生機勃勃、更加令人心情舒暢，在總體上也必然是更加穩固的。

大多數人都相信，愛情最重要的就是找到一個合適的搭檔。這往往也是導致親密關係破裂的原因，人們誤認為去找尋合適的伴侶才是最重要的。一段美滿姻緣的第一要素，以及最有挑戰性的事，並不是去找到那一個所謂「合適的人」，而是一段你用心培養的親密關係。

在這個世界上有七十億人，相信這七十億人口中會有很多人適合人。如果我們有緣遇見其中的一個，我們就要學習用心去培養這段感情，而不要因為眼前的這個人不合心意，感覺相處之後發現了在此之前沒有發現的缺點，就輕易地去結束這段感情。否則，你永遠也別想找到真正適合你的人，也永遠別想收穫理想的愛情。

當哈佛教授泰勒．本沙哈爾說出「世界上沒有百分百完美的愛情時」，有一些人皺起了眉頭。但是，這確實是一個事實。

相信看過《史密斯任務》的人都會覺得，故事的最後，布萊德．彼特與安吉莉娜．裘莉扮演的角色最終走到一起是幸福的，電影中那些打鬥的場面非常刺激，裘莉的身材和身手都讓人眼花繚亂。但這是否意味著，當帷幕落下的時候，他們就得到了完美的愛情？

「事實上，他們的愛情不是結束了、完滿了，而是剛剛開始。」泰勒．本沙哈爾教授說，電影或許在藝術性上和娛樂性上有很多貢獻，但是在關於愛情的引導方面卻做得不是太好。熟悉了電影情節的人，特別是那些郎才女貌的電影劇情的人，最後都難以擺脫一種愛情上的「思維定式」——我要去尋找那個對的人，只要我遇到他，一切美好的愛情就都會發生了。

把找到適合的伴侶當成找到永久幸福的錯誤觀念，很容易會使兩人忽略日後的人生旅程的重要性。想想看，如果你找到了你夢想中的工作及夢想中的工作地點，你會不需要努力工作嗎？那樣的心態會帶來失敗。這樣的道理也同樣適用於感情生活：愛情裏最具挑戰的日子是在感情開始之後。在兩性關係裏，值得費心努力「工作」的地方就是用心去培養這種親密關係。

一時的激情是很容易的，尤其是對於那些俊男靚女而言，他們可能在頭一兩年裏都不會覺得厭倦。但要想有一個更長久、更穩定的關係，培養比尋找更加重要。「什麼能讓關係變得獨一無二呢？答案並不是要找你的如意郎君，而是要去培養你已經選擇好的關係。」

我們可以通過瞭解和被瞭解來培養與伴侶的親密關係，也可以通過對彼此的瞭解來加深兩人的親密關係，做一些對彼此都有意義和快樂的事。這樣的愛的旅程會堅定我們的信心，並且能夠創造出讓愛、幸福和自由綻放的空間。

第三課　婚姻的圍牆：進還是不進

哈佛大學的泰勒·本沙哈爾教授在談到婚姻時提到，在這個世界上，不存在絕對完美的婚姻。但是，這個世界會存在很多適合我們的伴侶，而我們只要遇見其中的一個，用心去培養，就能得到很理想的婚姻。反之，如果我們總是覺得眼前的這個人不合自己的心意，或者在相處一段時間之後發現還有缺點是我們剛剛沒有看到的，我們可以選擇結束這段感情，但我們永遠也無法找到真正合適的那個人。

愛情總是難以選擇，婚姻往往很無奈

在人與人的關係中，最微妙的就是人與自己生命中的伴侶的關係，有人說婚姻不等於愛情，所以有的人重愛情不重婚姻，有的人重婚姻而不重愛情，當然，更多的人還是想婚姻和愛情兼得。那麼愛情和婚姻到底區別何在？明瞭這個區別，人們或許就能更從容地處理自己與伴侶的關係。古希臘時期就曾探討過這一話題：

柏拉圖有一天問老師蘇格拉底什麼是愛情。蘇格拉底叫他到麥田走一次，要不回頭地走，在途中摘一株最大最好的麥穗，但只可以摘一次。

柏拉圖覺得很容易，便充滿信心地出去。誰知最後，他兩手空空地出現在老師眼前，垂頭喪氣地說：「很難得看見一株看似不錯的，卻不知道是不是最好。因為只可以摘一株，不得已只好放棄，再接著看有沒有更好的。到發現已經走到盡頭時，才發覺手上一株麥穗也沒有。」

蘇格拉底說：「這就是愛情，總是很難選擇。」

又有一次，柏拉圖問老師蘇格拉底什麼是婚姻，蘇格拉底叫他到杉樹林走一次，要不回頭地走，在途中要取一棵最好、最適合用來當聖誕樹的樹，但只可以取一次。

柏拉圖有了上回的教訓，充滿信心地出去，半天之後便一身疲憊地拖回一棵看起來直挺、翠綠，卻有點稀疏的杉樹。

蘇格拉底問他：「這就是最好的樹嗎？」

柏拉圖回答說：「因為只可以取一棵，好不容易看見一棵看似不錯的樹，又發覺時間、體力已經快不夠用了，也不管是不是最好的，就拿回來了。」

這時，蘇格拉底告訴他：「這就是婚姻，總是很無奈。」

人們戀愛的時候總是很挑剔，覺得自己的戀人不夠完美，相信下一個戀人會比這個好。因為心中懷著這樣的期待，年輕的戀人們總是很容易分手。於是，就這樣挑剔地換了一個又一個，有一天發現自己年歲已經不小了卻還孑然一身，並且，經過多次的戀愛，對愛情已經開始有些不敏感了。這時候，由於受到來自父母和社會的壓力，人們終於不得不選擇一個感覺還不錯的戀人結婚。

按照蘇格拉底的說法，愛情總是難以選擇，而婚姻往往很無奈。不知道是不是蘇格拉底的回答讓柏拉圖很失望，他終生未娶，一輩子過著名副其實的單身生活。

婚姻，一直是人類生存所面臨的重大悖論之一，它不只是一個社會難題，更是一個永恆的人類難題。圍城之外的男男女女左右彷徨，若即若離，若隱若現。聰明的男女發明了試婚，不受任何法律約束，合則成，不合則散。但這是一種對自己極不負責任的做法，至少在決定試婚的那一刻，他們就對婚姻抱著一種懷疑、嘗試的想法，試問以這樣的一種態度如何能夠經營好婚姻？很多人終其一生的精力都未必能夠修好婚姻這門課，而他們僅憑幾個月或幾年的時間就想試婚成功，純屬無稽之談。所以，大多數試婚的男女都是失敗的。

人們常把愛情比做花朵，那麼，結婚便是它的果實。植物界有這樣一個法則：果實與花朵不能兩全，一旦結果，花朵就消失了。由此推出這樣的類比：一旦結婚，愛情就會消失。

所以，人們常說，婚姻是愛情的墳墓。對於那種密不透風、毫無自由的婚姻來說確實如此，在這樣的婚姻中生活的男女真的好似走進了死氣沈沈的墳墓中。還有一種情況也是如此，愛情已經死去，婚姻仍不解除，這樣的婚姻便成了一座裝有屍體的墳墓，屍體會隨著時間的推移而逐漸腐爛，腐蝕固守其旁的男女的健康。

婚姻，確實是一個值得深思的問題。而婚姻中的愛情究竟應該是怎樣的呢？

人們之所以認為婚姻與愛情會彼此衝突，一個重要原因便是人們對愛情的理解過於浪漫化。這種浪漫之情依賴於某種奇遇和源源不斷的新鮮感，主要表現為一見鍾情，如癡如醉，難捨難分。這樣的一種感情固然是美好的，但絕對是不能持久的，而且這與婚姻毫無關係，即使不結婚也一樣持久不了。因為一旦持久，任何奇遇都會歸於平凡，任何的新鮮感都會變成熟悉。試圖用婚姻的形式把這種浪漫延續下去，結果當然會失敗，但失敗的原因不在於婚姻。

其實，愛情是男女之間極其深篤的一種感情，它決不僅限於浪漫之情。一般來說，浪漫之情往往存在於婚姻前或婚姻外，至多還存在於婚姻的初期。隨著婚齡的增長，浪漫之情必然會遞減乃至消失。然而，在浪漫之情遞減消失的過程中，有另一種感情會隨之漸漸生長起來，這種新的感情是由原來的浪漫戀情轉化而來，似乎不如戀情那麼熱烈和癡迷，卻有了戀情所不具備的諸多因素，這是男女在長期共同生活中形成的一種複雜而又深切的感情，包括男女之間的相互信賴之感、行為方式上的默契之感、深切的惦念之感以及命運與共之感。這種感情至此已經演變為親情的一種，不過它是不同於血緣性質的親情，而是在性愛的基礎上產生的親情。這樣的一種感情才是愛情的成熟形態，這時的婚姻就不但不是愛情的墳墓，反倒成為滋養親情式愛情生長的土壤了。

外遇只是一個扣著的碗

在安徒生童話裏有這樣一個故事：

在一個寂寞、寒冷的夜晚，一對老年夫婦待在自己貧寒的小茅屋裏相互埋怨說：「遵守上帝的戒律不去犯罪，那是富人們的事情。誰還會在吃飽穿暖的時候去做上帝不允許的事情呢？」

上帝聽到了他們的抱怨，於是派一個天使把他們接到一個富麗堂皇的房子中，房子外面有美麗的花園，裏面有溫暖的壁爐和放有銀質餐具的餐桌，餐桌上擺滿了山珍海味和美味佳餚。天使告訴他們，主人讓你們盡情享受這裏的一切，不必再為衣食、溫飽擔憂。只是，天使指著餐桌上一個扣著放的、很普通的陶瓷碗說：任何時候都不要打開這個碗，否則主人會立即把你們趕出去，回到你們原來的破舊小茅屋。

這對夫婦欣喜不已，在上帝的安排下，他們每天吃喝玩樂，享受著美好的生活，當然也不在意那個「很普通的陶瓷碗」。

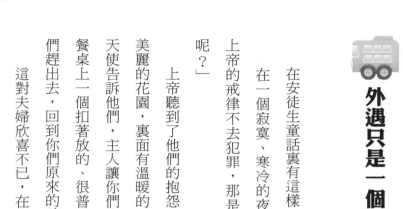

在度過一段幸福、美好的時光後，老年夫婦已經熟悉了房子裏的每一個角落，熟悉了花園裏四季的變化，熟悉了每天幾點鐘自己在做什麼，唯獨不熟悉那個扣著的、並不起眼的「很普通的陶瓷碗」。

和開始時不一樣的是，他們對這個「很普通的陶瓷碗」充滿了好奇、猜測，想看一看這個碗裏究竟裝著什麼。終於有一天，這對夫婦忍不住打開了那個碗——然而，碗裏面空空如也，什麼稀罕東西都沒有。

這時天使出現了，嚴肅地對他們說：「你們有了曾經渴望的榮華富貴，心裏卻仍然放不下一個普通的碗，可見貪婪和貧富並沒有關係。立即回到你們自己貧寒的屋子裏贖罪去吧！」

其實，外遇就如同那個扣著的碗，人們在為衣食住行擔憂時，一般是無心想它的。在生活安穩、富裕了之後，往往就會「飽暖思淫慾」，想試探一下這個扣著的碗裏究竟藏著怎樣的奧秘，並不禁想打開它。然而，打開之後，人們才發現碗裏什麼都沒有，不但什麼都沒有得到，而且還會惹來一身麻煩，讓自己得不償失。

當一個男人攜著一個女人的手走進婚禮的殿堂時，當一個男人把一個女人叫做「妻子」，一個女人把一個男人稱作「丈夫」時，這不僅僅是一種法律上的行為，而且是一種神聖行為，是男女雙方在上帝面前的互相確認。如果沒有終身相愛的決心，切不可妄稱夫妻。一旦下定決心結為夫妻，切不可輕易傷害自己的女人和自己的男人，使這神聖的命名蒙羞。

《聖經》中有這樣的記載，上帝用亞當身上的肋骨造了一個女人，於是，世上有了第一對夫婦。很多人認為這一傳說貶低了女性，可是，亞當的解釋是清楚明白的：「這是我的骨中之骨、肉中之肉。」試問今天有多少丈夫能像亞當那樣，把妻子帶到上帝面前，問心無愧地說出此話呢？

很多人抱怨婚後生活缺乏激情與浪漫，因為在一起生活得太久而產生了所謂的「審美疲勞」。在我們周圍，無愛的婚姻、性冷淡的夫婦，事實上都為數不少。許多婚姻之所以能夠延續，只是基於現實利益的一種妥協或無奈罷了。

難道婚姻生活真的要在這種無聊與乏味中度過嗎？答案當然是否定的。那麼，如何才能實現婚姻、愛情、性三者持久完滿的統一呢？

這完全是有可能的，前提是婚姻在愛和性和諧方面本來就具有較好的質量。在此前提下的關鍵就在於，懷著一顆對這個好婚姻的珍惜之心，來克服一般婚姻都會產生的倦怠與乏味，試著在婚姻之中不斷更新愛情的理想和性的快樂，而不是到婚外去尋求。到婚外尋找新的刺激當然簡便得多，但是任何捷徑往往只通向事物的表面，要達於核心就必須作出持久不懈的努力。在兩性之間，發生肉體的親密關係是容易的，發生愛情卻很難，而最難的便是使一個好婚姻能夠經受住歲月的沖刷與考驗。

愛情是人生的珍寶，當我們用婚姻這只船運載愛情這一珍寶時，我們的使命便是儘量繞開暗礁，躲開風浪，讓我們的婚姻之船能夠安全到達目的地。誰若故意迎著風浪上，固然可以獲得冒險的樂趣，但與此同時，卻傷害了自己船中的珍寶，這只能說明了他（她）對船中的珍寶並不愛惜。好姻緣是需用一顆珍惜之心來保護的，珍惜便是緣，緣蘊於珍惜之中，珍惜之心亡則緣盡。

愛情能把潛能變為現實

在街上遇到某個人，你會沖他大喊大叫，或找個其他辦法向他表示蔑視或者辱罵他嗎？你對陌生人這樣做的機率有多大？如果你對他們表示蔑視、敵意或者憤怒，那麼他們肯定是做了對你來說特別不能接受的事情。然而，我們中的大多數人對自己親密的人卻經常這樣，不管是家人、朋友還是愛人。

是的，因為彼此關係更密切，我們可以更加直接地表達自己的情感。但是為什麼我們對自己不親密的人更好，對自己親密的人更差呢？

兩個人之間可以出現衝突，衝突很重要，關鍵是你要在認知層面、行為層面上來處理它，而不是在情感層面或情緒層面上去蔑視它。當我們與他人建立戀愛或婚姻關係時，我們需要培養深刻的、有意義的友誼——雙方互相尊重並享受另一個人的陪伴。愛情表現在細節上，是知道關於對方的一切，是分享並被瞭解。這才是健康的關係，才是持久保持雙方和諧關係的紐帶，才是可以持續享受充滿激情的性生活的法寶。儘管在剛開始時，大家很自然地傾向於新奇的、獨特的事物，這可以是你們相互之間分享的幻想，但是從長遠的角度來看，為了長期維持和諧的關係，我們需要被瞭解而不是被認可。

在一段健康的關係中，雙方必須善於發現對方的優點，懂得欣賞對方。如果婚姻中的雙方不懂得欣賞，那麼過了蜜月期後感情就會出現螺線型下滑的趨勢。這種趨勢在大部分這樣的婚姻中都會發生，因為雙方都沒有懂得去欣賞對方的優點。如果我們認識不到這一點，那麼婚姻關係就會慢慢凋謝死亡。

所以，在婚姻關係中善於發現對方的優點很重要，如果他不會變通，你可以認為他很有原則；如果他油嘴滑舌，你可以認為他很有幽默感；如果對方喜歡打扮，你可以認為他在意你對他的印象……發現對方的優點不僅僅是認識到你沒有認識的部分，看到他的潛能，而是用積極的心態去理解他身上的特點。

曾有人在做研究的時候要求夫婦相互評價對方的優點，然後要求那些與他們關係親密的人評價兩人的優點。結果發現，當夫妻雙方的評價與親密的人的評價一致時，他們兩個人的關係還可以；當夫妻雙方的評價沒有親密的人的評價高時，那麼總體來說這兩個人的婚姻是存在問題的；當夫妻雙方的評價比親密的人的評價高時，那麼這對夫妻的婚姻關係會一直和諧地保持下去。

也就是說，即使你的愛人並沒有像你想的那麼好，但如果你能對他產生「積極的幻覺」，那麼就會對兩人之間的關係有很好的幫助。而且，我們可以利用愛，來把那種所謂「幻覺」的東西變成現實。正如馬斯洛所說：「愛不僅能看到潛能，並且能把潛能變為現實。」如果你的愛人能夠用愛來挖掘你的潛能，那麼你就是一個真正幸運的人。

婚姻長久是一個謊言嗎

泰勒·本沙哈爾教授在課堂上曾經設置了這樣一道情景題：

想像你碰到了你的布萊德．彼特或者你的荷莉．貝瑞，他或者她就是你的。你看著他或者她，與其交談，彼此相愛，然後結婚，擁有你們的第一夜，你們回到家中。沒有任何武器可以阻止你，你每天不斷地享受你愛的激情，其他的什麼也不用做，想像一下，這樣你就能長久地幸福生活嗎？可能吧。五年之後，你會被戴上電極測量身體反應。這時，當你的布萊德．彼特或者荷莉．貝瑞與另一個性感的陌生人分別出現在你面前的時候，你的身體會有怎樣的反應？

泰勒．本沙哈爾教授公佈了答案：你在看到陌生人的時候身體的慾望會更強烈。為什麼呢？因為新奇的東西總是令人興奮。

也許這個結果令人失望，但這是好還是壞呢？就像痛苦沒什麼好與壞一樣，這種對新鮮事物的追求也沒有好與壞的區別，它就那麼簡單地存在著。如果你想要快樂或者擁有良好的人際關係，那就要接受你的秉性。沒有什麼好消息或者壞消息，只有簡單的真消息，然後就是如何遵從秉性，並且掌控它。

今天許多婚姻最終以離婚收場，更糟糕的是，這並不是說其他的婚姻是成功的。因為人們通常待在一塊兒是出於某種責任、習慣，或者缺乏替代者。

這個結果讓很多未婚人士悲觀，人們開始陷入這樣的矛盾之中：是不是要去經營自己的婚姻？如果不去經營婚姻，愛情是不是就會死無葬身之地？

其實，愛情是天使，它死了又何必留下屍體，又何須看得見的墳墓呢？長年守著一具腐爛的屍體，豈不會扼殺對愛情的一切美好回憶？

相愛很容易，但是相伴一生卻是很難的。當人們開始建立婚姻關係的時候，他們總是希望長久地保持愛情和激情，但是當我們到達一定的熟悉程度之後，就會覺得新的東西總是會更有趣、更吸引人。

如果我們總是對新鮮的事物非常感興趣，是不是就意味著這個世界上沒有長久的真愛？沒有長久的真愛，又如何會有長久的婚姻呢？

當然不是這樣的，婚姻的長久並非是個謊言，關鍵在於你如何去經營。「幸福的家庭都是相似的，不幸的家庭各有各的不幸。」結婚是把愛情放到瑣碎平凡的日常生活中去經受考驗，準備結婚的人不可抱著買彩票僥倖中頭彩的念頭，而必須像藝術家創作一部作品那樣，具有一定要把這部艱難的作品寫好的決心。

其實，一切真正的愛情都是未完成的，而好的婚姻則應當使愛情始終保持在未完成的態勢。也就是說，相愛雙方之間要始終保持著必要的距離和張力，雙方要把對方看做獨立的個人，看成是一個永遠需要重新追求的物件，絕不可能一勞永逸地加以佔有。只有在此態勢中，彼此才能不斷重新發現和欣賞，而非互相束縛和厭倦，婚姻也才能獲得持續成長的空間。

很多時候，男女雙方把「防微杜漸」誤以為是維持婚姻長久的策略。如果僅僅為了「杜漸」而「防微」，禁絕一切婚外戀情的苗頭，那就只好把自家的男人或女人關在屋內，斷絕與外界的一切來往。當然，對「微」寬容而不防，就有開「漸」之危險，但這種危險乃是人類情感生活的題中應有之義，試圖杜絕這種危險就意味著窒息情感生活。

我們不妨試著將婚姻置於一個寬鬆的環境中，為愛情留出自由呼吸的空間。而這種自由僅僅著眼於門欄之內的自由，其中包括獨處的自由、關起門來寫日記的自由、和異性正常交往的自由等。掌控好門欄之內的自由，門欄之外的自由便不在話下，雙方必然會自覺遵守相應的道德準則。

夫妻之間要親密，但不要無間。人與人之間必須有一定的距離，相愛的人也不例外。之所以有的婚姻終成悲劇，就因為它在客觀上使得這個必要的距離難以保持。一旦沒有了距離，分寸感便喪失。隨之喪失的是美感、自由感、彼此的寬容和尊重，最後是愛情。

夫妻之間的親密表現要保持一個必要的距離。所謂必要的距離是指各人仍應是獨立的個人，並把對方作為獨立的個人予以尊重。正所謂「距離產生美」，只要美存在，我們還需要擔心婚姻不會長久嗎？

第四課　在審美中滌淨心靈

對於美的判斷，哈佛教授愛琳・溫特十分讚賞康得的觀點：每一個人都必須認為，關於美的判斷只要混雜有絲毫的利害在內，就是很有偏心的，而不是純粹的鑒賞判斷了。我們必須對事物的實存沒有絲毫傾向性，而是在這方面完全抱無所謂的態度，以便在鑒賞的事情中擔任裁判員。

審美判斷：究竟何為美

《俄狄浦斯王》講述的是一個國王弒父娶母的故事。在索福克勒斯的這部戲劇中，俄狄浦斯想要找到毀滅他的城市的瘟疫的起因。當真相大白之後，他的妻子或母親用髮簪自盡，而俄狄浦斯也用髮簪刺瞎了自己的雙眼。儘管題材令人生畏，但這齣戲劇被公認為偉大的藝術作品，並且獲得了公眾的歡迎。

是什麼使得它成為藝術作品？人們為什麼會從那些對人類可能發生的最醜惡的事物的怪異描繪中獲得樂趣？人們為什麼願意忍受一個人刺瞎雙眼這樣的場景，就像在今天我們為什麼會在看悲劇電影時流淚？

我們經常會被虛構作品中的角色和事件感動得不能自已，這個事實的確有些令人迷惑。因為那些角色是從未存在過的人或是從未實際發生過的事，而且我們在閱讀或觀看這類作品時也都十分清楚這一點。

在藝術世界的大部分時間裏，給予一件藝術品的最高評價一定是「它很美」。但這已是明日黃花。隨著十九世紀現實主義藝術的興起以及藝術品位的變遷，偉大的藝術品可以不再是美的，甚至可以是醜陋的，藝術中的美大部分是感傷的或魅惑人心的，而美學也不僅僅局限於對美的欣賞。

一尊雕像之美在於大理石的潔白無瑕、光彩照人，換言之，原因在於雕像不是一個真人的精確複製。在東西方的藝術中，許多最為動人的繪畫作品描寫的都是神話場景，它們在現實中並無對應物。因此，一個東西要想成為藝術品，首先必須是一個人造物，也就是說是虛構的、建構的或想像出來的完全不真實的東西。所以，藝術展現給我們的是理想而非現實。例如，在中世紀的藝術創作中，耶穌受難的場面並非旨在精確地再現十字架上的基督，他的臉部和身體都經過了變形，顯得平面化，缺乏立體的深度。中世紀藝術的首要目的是表達和激發信仰，而不是僅僅提供一份記錄。

況且，一個完全寫實的耶穌受難場景可能是醜陋的，它可能激起恐懼和厭惡，而不是信仰。藝術與精確的再現是沒有關係的，藝術關注的是表現。這種藝術的「真」不是精確再現的真，而是其中所蘊涵的感情力量的「真」，這才是真正重要的東西，才是具有感召力的信仰。

所以說，美並不總是和真、善相一致的。當欣賞一部文學作品或美術作品時，我們關注的並不是它們本身的真實性，而是作品中滲透的真實的情感。

那麼，究竟何為美？對美該如何判斷呢？

在康得看來，我們判斷一個物件是不是美的，完全取決於這個物件能否在單純的觀賞中給我們帶來愉快的情感，而與它的功能、用處等無關。在很多情況下，我們甚至對於一個物件的用處一無所知，但這並不妨礙我們對其作出美或不美的評判。梵谷的名作《農夫的鞋》之所以是美的，不是因為農夫穿上它可以耕作，而是它帶給我們的不帶任何功利的愉悅。由此很容易看出，要說一個物件是美的並證明自己有品位，這取決於個人怎樣評價自己心中的這個表像，而不是取決於我們在哪方面依賴於該物件的實存。

每個人都必須承認，關於美的判斷只要混雜有絲毫的功利因素在內，就會產生私心，而不是純粹的鑒賞判斷了。我們必須對事物的實存沒有絲毫傾向性，而是在這方面完全抱無所謂的態度，以便在鑒賞的事情中擔任評判員。

美不同於快適。快適就是那種使感官感到喜歡的東西。快適和功利相關，因而帶給我們的不是美的愉快，而是感官的享受。乾渴之後喝下去的水、饑餓之後吃下去的食物等，帶給我們的都是快適。同樣的水和食物，如果離開了功利的關係，而作為一種純粹觀賞的物件，卻可能給我們帶來美感。

美也不同於善。善是借助於理性由單純概念而使人喜歡的。一方面，善總是和功利相關的，無論說一個物件對它物是善的、有利的，還是說它就自身而言就是善的，其中都包含目的的概念，因而涉及功利因素。另一方面，要覺得某物是善的，必須在任何時候都知道物件應當是怎樣的一個東西，也就是必須擁有關於這個物件的概念。而要覺得它是美的，就並不需要這樣做。例如，一朵花、一幅素描，它們沒有任何含義，不依賴於任何確定的概念，卻可以令人喜歡。

總之，快適是令人快樂的東西，動物和人類都可以享有；美是令人喜歡的東西，適用於同時具有動物性和理性的人類；善是令人尊敬的東西，適用於有理性的存在者。

藝術讓你生活於審美中

看過《刺激1995》這部電影的人應該都知道，片中男主角曾為了聽莫札特的《費加洛的婚禮》而闖入控音室，儘管警衛一再叫囂要他出來，他也不為所動，最後被抓到黑牢中關了兩個星期。事後有人問他，為什麼為了聽一首曲子願意付出這麼大的代價，他回答說：「監獄能關住我的身體，卻不能關住我的心靈。因為有音樂，我的心靈得以翱翔。」

在陶醉於藝術審美的過程中時，一個人可以進入體會短暫的忘我狀態，化解世間的壓力與煩惱，感覺人生一切勞苦原來是為了放下擔子時的那種愜意與自在。審美經驗猶如生命樂章的節奏，雖然平淡卻富含生機。

人活在世上，如果一味追求知識，就會覺得枯燥和乏味，如果能多一點生機和活力，那麼生活就會變得有情趣。藝術就可以為生活增添色彩。藝術是一種審美領悟和享受現實價值的習慣。日落黃昏、潮起潮落都是一種自然之美，都值得欣賞、享受。這就是懷特海所謂的藝術：「偉大的藝術，就是安排環境，使它為靈魂創造生動活潑，卻又匆匆流逝的價值。」

事物的存在都有它的價值，都可以被欣賞。靈魂是需要變化的，人生在世，當一切都變得沒有任何起伏的時候，靈魂就迫切地需要一種變化的出現，這為藝術提供了可能性，正如懷特海所說：「靈魂大聲疾呼地要求要到變化裏面去。」變化就代表著藝術的可能性。

藝術的價值在於製造一些變化，產生一些活力，而使人感覺到生命的趣味。最重要的是要讓人在生存的能力方面與現實生活的歷程中，都可以設法去欣賞。

與其試圖改變世界，不如欣賞世界。世界本身很美，只是你沒有注意到而已。懷特海曾在《科學與現代世界》中說過這樣一段關於藝術的精彩的話：「理智具有偉大的力量，它能夠決定人類的生活。

偉大的征服者，從亞歷山大到凱薩，從凱薩到拿破崙，深刻地改變了人類的生活。但是藝術帶來了翻天覆地的變化，從泰勒斯到現代一系列的思想家，他們的思想能夠移風易俗，改變一個時代。」

藝術，就是為生活營造一種美的氛圍。而這種營造是一種創造、一種機遇的把握，是景、物、事、人與情、意、志、性的一種和諧融合。藝術和生活是存在距離的。當真實世界被霧、雪或雨所籠罩，就容易給人們另外一種聯想，其狀態使真實世界同你我之間產生了距離，因而有了古往今來的詩情畫意等極富美感地描繪這類事物的作品。

裴多菲的「生命誠可貴，愛情價更高。若為自由故，二者皆可拋」裏沒有人和物，但在讀者讀到這些火熱詩句的時候，心中就會浮現出一個為自由而獻身的崇高形象，激勵人們為了自由不懈努力。

再如貝多芬的《第九交響曲》，表現出壓抑、痛苦、憂鬱、希望、掙扎、激奮、鬥爭、挫折，表現出了不屈不撓的意志和最後的歡樂，這些思想感情所構成的音樂形象訴諸聽覺、想像中，使人的靈魂得到洗禮，讓人感受到生命的崇高和生活的豐富。

偉大的藝術，就是為靈魂創造活潑而又易逝的環境。偉大的藝術不僅是一時的刺激，它為靈魂增添了豐富內容，使藝術具有自我達成感。藝術的存在不但帶給人感官的享樂，同時又使得靈魂成為了永恆價值，超越了自我。

美能夠拯救你的世界

故事發生在十五世紀的巴黎，「愚人節」那天，流浪的吉卜賽藝人在廣場上表演歌舞，有個叫埃斯梅拉達的吉卜賽姑娘吸引了來往的行人，她長得美麗動人，舞姿也非常優美。

這時，巴黎聖母院的副主教克羅德·弗羅洛一下子被美麗的埃斯梅拉達迷住了，他內心燃燒著情慾之火，瘋狂地愛上了她。於是他命令教堂敲鐘人，相貌奇醜無比的凱西莫多把埃斯梅拉達搶來。結果法國國王的弓箭隊長法比救下了埃斯梅拉達，抓住了凱西莫多。他把敲鐘人帶到廣場上進行鞭笞，善良的吉卜賽姑娘不計前仇，反而送水給凱西莫多喝。

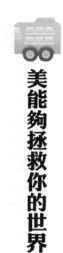

敲鐘人雖然外貌醜陋，內心卻純潔高尚，他非常感激埃斯梅拉達，也愛上了她。天真的埃斯梅拉達對法比一見鍾情，兩人約會時，悄悄跟在他們後面的弗羅洛出於嫉妒用刀刺傷了法比，然後逃跑了。埃斯梅拉達最後卻因謀殺罪被判死刑。

凱西莫多把埃斯梅拉達從絞刑架下搶了出來，藏在巴黎聖母院內，弗羅洛趁機威脅吉卜賽姑娘，讓她滿足他的情慾。遭到拒絕後，弗羅洛把她交給了國王的軍隊，無辜的姑娘被絞死了。凱西莫多知道憤怒地把弗羅洛推下教堂摔死，他自己擁抱著埃斯梅拉達的屍體也死去了。

這是雨果的浪漫主義小說《巴黎聖母院》中講述的故事。美與醜的對比是這篇小說的鮮明特色：道貌岸然、蛇蠍心腸的副主教弗羅洛與外形醜陋、內心善良的凱西莫多形成鮮明對比。而吉卜賽姑娘埃斯梅拉達是作者理想的化身，在她身上體現了雨果心目中最崇高的感情和最美的形象。善與美的呼喚是整部小說創作的核心思想，埃斯梅拉達的至善至美驅散了凱西莫多內心的冷漠，喚醒了他心中沉睡的愛意，同時也使他對善惡有了明確的劃分，進而讓他認清了養育他多年的副主教的醜惡嘴臉。凱西莫多也因此對埃斯梅拉達懷有深切的感恩與濃濃的愛意，使其不惜捨棄自己的生命來保護埃斯梅拉達。

美從來不是一種純粹的物理屬性，人的美更是如此。當我們欣賞一個美女時，最吸引我們的應是其內在的光彩和神韻，而不是她外在的雕琢與修飾。那種徒然長著一張漂亮臉蛋的女人會由於心靈的貧乏，讓你覺得她們的漂亮是多麼空洞，甚至是多麼愚蠢。

美感在本質上應該是一種孩子的感覺。孩子的感覺主要表現為兩點：一是純樸而不雕琢，二是新鮮而不因襲。雕琢是感覺的偽造，因襲是感覺的麻痹，所以，美感的喪失就是感覺機能的喪失。

美具有內在價值，它從不引起對所觀賞事物的自私態度，不引起味覺和嗅覺神經的快感，不給人以皮毛的享受。從這個意義上說，美對人體毫無益處。審美享受始終是精神的、智力的享受。就像我們欣賞一串新鮮多汁的葡萄時，葡萄的顏色和形狀只能令我們精神上產生愉悅之情，但並不能滿足我們脾胃的需要。可以說，這種美是由感知它的精神來消受的，它給人以特別愉快的、高級的滿足。正如帕西所說：「美的事物使人想起人，使人喜悅，喚起他的人性觀念，而非引起情慾和對滿足生理需要的追求。」

在精神的國度裏，一切發現都同時是創造，一切收穫都同時是奉獻。正如那些從百花中採蜜的蜜蜂，牠們在創造、收穫的同時也向世界貢獻蜜蜂。

一個愛美的民族總是有希望的，因為它不會長久忍受醜陋的現實。最可悲的是，整個民族對美和醜麻木不仁，置身於這樣一個民族中的個別愛美的靈魂豈不是會被絕望所折磨和吞噬？

自席勒以來，近現代哲人相繼主張藝術具有改善人性和社會的救世作用。事實上確實如此，一個人，一個民族，只要愛美之心猶存，就總是有希望的。相反，「哀莫大於心死」，倘若對美不再動心，那就真的是無可救藥了。

對美敏感的人往往比較有人情味，對美遲鈍的人則不但對人冷漠，而且多半容易走向麻木與冷酷。民族也是如此，一個愛美的民族自然傾向自由和民主，厭惡教條和專制，而且對土地和生活的深沉美感是壓不滅的潛在生機，使其不會長期忍受僵化的政治體制和意識形態，遲早要走上變革創新之路。

哈佛哲學課

封面設計：Viann Chan

□

著者

胡雯雯

□

出版

非凡出版

香港北角英皇道499號北角工業大厦一樓B

電話：（852）2137-2338　傳真：（852）2713-8202

電子郵件：info@chunghwabook.com.hk

網址：http://www.chunghwabook.com.hk

□

發行

香港聯合書刊物流有限公司

香港新界大浦汀麗路36號

中華商務印刷大廈3字樓

電話：（852）2150-2100　傳真：（852）2407-3062

電子郵件：info@suplogistics.com.hk

□

版次

2016年5月初版

□

規格

特32k（210mm*148mm）

□

ISBN 978-988-8394-74-6　Printed in Taiwan

本書由悅讀名品出版有限公司授權中華書局（香港）有限公司

在香港及澳門地區發行